À Compostelle

DANS LA MÊME COLLECTION

François Cheng, *À Notre-Dame. Une communion universelle*, Salvator, 2019

À Compostelle

Hommages au chemin de Saint-Jacques

Sous la direction de Gaële de La Brosse

Luc Adrian – Mahdi Alioui – Céline Anaya Gautier – Hervé Bellec – Yvon Boëlle – Édouard Cortès – Yves Duteil – Anne Etchegoyen – Philippe Fenwick – Sébastien de Fooz – Mgr Emmanuel Gobilliard – Céline Hoyeau – Patrick Huchet – Humbert Jacomet – Ji Dahai – Laurence Lacour – Éric Laliberté – Abbé Ludovic de Lander – Madoka Mayuzumi – Viviane Moore – Freddy Mouchard – Bernard Ollivier – Patrick Poivre d'Arvor – Jean-Marc Potdevin – Alexandre Poussin – Stanislas de Quercize – Jean-Pierre Raffarin – Adeline Rucquoi – Jean-Christophe Rufin – Alix de Saint-André – Martin Sheen – Patrick Tudoret – Claudine Vincenot – André Weill

SALVATOR

Yves Briend Éditeur S.A.
103, rue Notre-Dame-des-Champs. F-75006 Paris
www.editions-salvator.com
contact@editions-salvator.com

Maquette intérieure : Nord Compo
Maquette de couverture : Le Petit Atelier

ISBN : 978-2-7067-2047-5

Avant-propos
par Gaële de La Brosse

« Vivre, c'est cheminer le temps d'un court voyage », écrivait Francisco de Quevedo. À l'échelle d'une vie, le chemin de Saint-Jacques est ce voyage limité dans le temps, mais qui marque souvent toute une existence. Durant la trentaine d'années que j'ai passée à marcher puis à travailler sur ce chemin, j'ai rencontré un grand nombre de ces pèlerins pour qui cette aventure avait été déterminante. Je nourrissais donc le rêve, depuis longtemps, de réunir dans un ouvrage quelques-unes de ces voix qui m'avaient touchée. Ces voix qui m'avaient fait cheminer, soit par leurs œuvres (livres, articles, photographies, films, chansons, peintures), soit par leur témoignage recueilli au cours d'une discussion ou d'une interview.

La troisième année jubilaire[1] de ce siècle m'a donné l'occasion de relever ce défi et de concrétiser ce rêve. Pour célébrer cette année exceptionnelle, j'ai en effet proposé à 34 personnalités (écrivains, journalistes, historiens, réalisateurs, artistes, religieux, hommes politiques, etc.) d'écrire un hommage à ces chemins qu'ils

1. Sur les chemins de Saint-Jacques-de-Compostelle, une année est décrétée « jubilaire » (ou « année sainte compostellane ») lorsque le 25 juillet, fête de saint Jacques le Majeur, tombe un dimanche. Ces années particulières se produisent quatre fois en vingt-huit ans (tous les six, cinq, six et onze ans).

avaient effectués. Tous ont répondu avec enthousiasme à cette invitation, heureux de pouvoir honorer la dette qu'ils avaient envers ce « sacré *Camino* ».

« Gratitude » ! C'est le terme qui est revenu le plus souvent dans nos échanges. « Partage », également, ainsi que « retour ». Autrefois, pour rendre ce qu'ils avaient reçu pendant leur pèlerinage, les jacquets se regroupaient en confréries et exerçaient auprès des nécessiteux les œuvres de miséricorde. Aujourd'hui, pour effectuer ce « retour » – un « retour » bien symbolique car, comme le souligne dans ce livre Claudine Vincenot, peu de pèlerins reviennent à pied de ce voyage –, certains rejoignent une association pour aider à leur tour les candidats au départ. D'autres déposent à tout jamais leur baluchon sur le chemin : ils furent un jour éclaireurs, ils deviendront passeurs. Tel Mahdi Alioui qui témoigne ici, et dont l'itinéraire s'est tellement identifié au *Camino* qu'il en a pris le nom ; comme s'il était né, une seconde fois, des entrailles du chemin. D'autres encore, comme les écrivains et les artistes qui s'expriment dans ce livre, produisent une œuvre inspirée par les humeurs, les couleurs et les senteurs du chemin, exprimant ainsi le bonheur de leur découverte et l'essaimant alentour.

Plusieurs années après leur retour, les pèlerins continuent à nourrir cet élan de gratitude et ce désir de partage. C'est ce témoignage intime, mûri dans le secret des cœurs, que ces personnalités nous livrent ici. Pour leur laisser une liberté totale, je leur ai proposé une double carte blanche. Sur le fond, tout d'abord : liberté de formaliser l'objet de leur reconnaissance, selon ce qui, chemin faisant, les a plus touchés (les sentiers qui ont porté leurs pas, les autres pèlerins, rencontrés à la halte, les hospitaliers qui savent si bien accueillir ou saint Jacques lui-même, à l'origine de cette singulière aventure). Sur la forme, ensuite : liberté de s'exprimer dans le genre littéraire de leur choix (récit, abécédaire, nouvelle, lettre, poésie, pièce de théâtre, etc.). Suivant cette feuille de route vierge – comme l'est le chemin à l'orée du voyage –, tous ces témoins ont conçu des textes inédits, parlant de liberté, de fraternité et de joie retrouvée. Avec beaucoup de sincérité, de tendresse et souvent d'humour, ils dévoilent ici leurs émotions et retracent leur parcours. Certains expriment également la manière dont le chemin de Saint-Jacques a changé leur vie, et continue à les inspirer. Car toute reconnaissance est d'abord connaissance ou, si l'on use du vocabulaire claudélien, co-naissance, c'est-à-dire naissance à soi-même. Et, par-là même, renaissance.

Peu à peu, ces voix croisées se sont mises à résonner ensemble, jusqu'à produire une symphonie aussi improvisée qu'harmonieuse. Que ces auteurs soient ici remerciés d'avoir accepté collectivement et individuellement ce défi, et d'avoir livré ces hommages d'une rare densité. Qu'ils soient également remerciés d'avoir accepté que les droits d'auteur de ce livre soient versés à l'association Seuil, fondée par Bernard Ollivier, qui a pour but de réinsérer dans la société des jeunes en rupture sociale par de longues marches sur ces chemins de résilience.

Cet ouvrage manquait à la littérature jacquaire. Désormais, il appartient à l'histoire vivante de ce chemin millénaire !

1

Le *muchas gracias* de Quasimodo del Camino

Luc Adrian

Luc Adrian est un aficionado *du* Camino. *Ou plutôt, il l'est devenu grâce à l'un de ses comparses qui l'y a entraîné en 1999, pour l'Année sainte compostellane : son petit orteil. Tous deux, ils ont relié en un mois le sanctuaire de Lourdes à Saint-Jacques-de-Compostelle. Ils ont vécu pendant ce pèlerinage des aventures aussi rocambolesques qu'émouvantes et, finalement, assez spirituelles. Pour les narrer, le pèlerin a laissé la plume à son compère, Rikiki Gnomon, que ses lecteurs ont déjà croisé dans ses écrits. Et dont ils se souviennent – forcément.*

MON nom est Gnomon. Rikiki Gnomon. Je suis nain, rabougri, ratatiné, et difficile à trouver dans le godillot qui me sert de cachot depuis que mon maître apprit à marcher : tout au fond, à gauche. Je suis le petit dernier de la tribu des Zorteils du pied gauche d'un marcheur, gauche lui aussi, qui se prend souvent la tête alors que la sagesse vient par les pieds.

Que serait devenu Luco del Panari sans moi, son bouffon du roi ? Ce n'est pas pour me vanter mais je demeure, dans ses multiples pérégrinations, un acteur de première main. Sans mon appui, ce bouffi de lui-même n'aurait pu renouveler son âme tout en déroulant sa foulée sur le *Camino francés* lors de l'Année sainte compostellane 1999. Le Créateur voulut en effet, dans sa sagesse, que l'homme ait toujours besoin d'un plus petit que soi pour ne pas se prendre pour le Tout. Je rappelle donc périodiquement à mon maître, par des feux clignotants, qu'il ne peut négliger le petit personnel, que les derniers seront les premiers, et que celui qui s'abaisse sera élevé.

Croyez-moi, le Quasimodo du godillot n'y est pas allé mollo sur le *Camino*. Mes ampoules ont fait des étincelles. La *calzada* a titillé la *cabeza*. Mon grand fakir – je le faisais danser tantôt sur des pointes d'épingles, tantôt sur des braises – dut consentir à se baisser, se déchausser, se dépouiller pour me panser, me bichonner, me dorloter. Bref, prendre soin du plus insignifiant de ses appendices qu'il surplombait auparavant de sa superbe.

Sans moi, son très-bas, y aurait-il eu dans la vie de ce mécréant acédiaque un « avant J. C. » (Jacques de Compostelle) et un « après J. C. » ? Sans moi, Luco del Panari serait-il parvenu jusqu'au crucifix du village médiéval de Furelos, peu avant Melide, à une cinquantaine de bornes de Santiago, où se noua une rencontre décisive ? Mesdames et messieurs, laissez-moi vous conter.

— *Hola, peregrino*, viens voir le Christ !

L'injonction tombe du haut des six marches d'un mini-parvis d'église, juste après avoir franchi le *ponte velha* à quatre arches. Hélé par le sacristain, mon maître, hébété, ne résiste pas à la tentation : ses grolles se sont muées en barbecues, ses guibolles flageolent, le gardien du temple est costaud, l'ordre impérieux.

Et puis, voir le Christ, cela se refuse-t-il ? La pause s'impose. Del Panari entre en tanguant dans l'antre frais, se signe et, avant même d'avoir posé le sac, est saisi. Contre le mur latéral droit du sanctuaire, un Christ grandeur nature, saignant comme l'aiment les Espagnols, agonise. Mais un détail saute aux yeux : sa main droite est déclouée. Elle tombe à la verticale. Prolongeant le regard du supplicié, elle se tend vers le pèlerin jusqu'à le toucher.

À sa vue, des sentiments inconnus traversent mon maître. Cette main lui fait du pied, oserais-je dire. Il a soudain envie d'y glisser la sienne, de réconforter le condamné. Sa vue le bouleverse comme un appel à l'aide. Le paranoïaque croit même l'entendre murmurer : « Luco, n'aie pas peur. Je n'ai pas bonne figure car il faut que je meure pour que tu revives. Je suis méconnaissable, Dieu désarmé vainqueur du Dieu des armées. Tu marches vers Compostelle pour me trouver ? Moi, je te cherche depuis toujours. J'ai fait un long chemin vers toi. Nous nous rencontrons, enfin… »

Je vous jure, Mesdames et Messieurs, que ce *delirium* pas mince n'est pas dû à l'abus de *vino tinto*, ni à l'excès d'endorphines, ni à l'ivresse de la beauté contemplée, ni à la dilatation d'un corps en santé, ni à l'exaltation d'un cœur d'artichaut ému par des rencontres enchantées. Mon maître a réellement l'impression d'entendre le Christ lui susurrer : « Dans deux jours, tu arriveras chez mon apôtre Jacques mais ta route humaine ne sera pas achevée. Cette route, poursuis-la avec moi. Je te conduirai où tu dois aller en vérité. Prends ma main. Fais-moi confiance malgré les apparences. »

Après le miracle eucharistique d'O'Cebreiro, le miracle mystico-éthylique de Furelos ? J'entends, après un long silence, Del Panari bredouiller :

— Seigneur, vous tendez la main à un moins que rien : je suis aussi stupide que le dernier de mes orteils (*c'est encore le « vieil homme » qui parle...*) mais je suis moins courageux que lui (... *quoiqu'il progresse !*) : j'ai passé ma vie à vous fuir. Aussi, je vous supplie aujourd'hui : ne lâchez pas ma main. Moi qui vis en bas de moi-même, attirez-moi vers en haut. Tirez-moi vers vous. » Vous pensez bien, mesdames et messieurs, que j'étais au septième ciel !

Qu'arrivait-il donc à mon Panari ? Cette confession sourdait d'une conversion : une métamorphose lente, presque inconsciente, vécue au fil des pas sur ce sentier imbibé de la prière des aïeux *peregrinos.* Elle se dénouait en s'avouant devant son divin auteur découvert dans son abaissement.

Mon maître poursuivait encore, pleurant des larmes neuves qui gouttaient sur ses brodequins, fixant le Crucifié tandis que le sacristain de Furelos poursuivait sa ronde extasiée dans le sanctuaire en scandant : « Unique au monde, unique au monde ! »

— Seigneur, que votre regard devienne mon regard ; que ma main prolonge la vôtre ; que mon visage embrasse votre visage – et que je désire éponger le vôtre, souillé par mon péché et mon indifférence. Accordez-moi chaque jour la grâce de glisser ma main dans la vôtre, de poser mon cœur sur le vôtre, de marcher dans vos pas. Instillez-moi l'humilité de me laisser traiter de « bête comme tes pieds » sans exploser de colère ; de me laisser modeler, comme un orteil dans une Pataugas, par la grâce des événements que vous permettez dans votre providence mystérieuse ; de vous reconnaître dans vos enfants les plus disgracieux et les plus petits…

Je ne dévoile pas davantage les secrets de cet intime conciliabule : ce fut un bouleversant « lâcher-pied ».

Dans quelques heures, mon pèlerin-pinpin toucherait au but – mais qu'est le but véritable d'un pèlerinage si ce n'est de revenir autre ? Dans la cathédrale, à Santiago, grouillante de touristes déguisés en jacquaires, il se faufilerait jusqu'au pilier central du porche de la Gloire. Ce joyau roman rassemble plus de deux cents figures dans la pénombre du narthex. Il offre, écrit un pèlerin du XVe siècle, la représentation de « tout ce qui est arrivé depuis Adam et de tout ce qui arrivera jusqu'à la fin des temps ». Au centre du tympan, le Christ, ressuscité, trône en majesté, entouré des évangélistes, des saints et des anges. À ses pieds, saint Jacques, appuyé sur son bourdon. L'apôtre domine une colonne de marbre torsadée, connue sous le nom d'arbre de Jessé. Ce tronc feuillu représente la généalogie humaine du Christ. Depuis des siècles, des millions de mains l'ont frôlé, effleuré, caressé, poli, tandis que les pieds patientent en piétinant. Les doigts, à force de palper, ont creusé cinq trous dans le granit. Mon maître enfonce à son tour ses ongles dans cette prise de terre qui le branche sur le Ciel et la cour riante du porche sublime.

« Et le dernier ennemi que le Christ détruira, c'est la mort, car il a tout mis sous ses pieds », certifie l'apôtre préféré des Zorteils, saint Paul de Métatarse (1 Co 15, 28). Cette assurance de résurrection est désormais inscrite jusque dans la chair de mon Panari. Elle ne le quittera plus, même aux heures les plus sombres de ses Gethsémani. Mais avant de goûter à la fraternité joyeuse de Santiago et à la gloire divine de l'Obradoiro, ne lui fallait-il pas traverser le mystère douloureux de Furelos et des pas qui le précédèrent ? Comme ces feuillets où les enfants écrivent des messages invisibles au jus de citron, et dont les secrets se révèlent à la flamme, le *Camino* semble avoir gravé dans le cœur de mon maître une lettre d'amour qui se découvre peu à peu au feu des années.

C'est pourquoi il pestera, plus tard, devant la sécularisation trop fréquente de cette sacrée chaussée, sa réduction à une « expérience culturelle », une « psycho-terre-à-pied » égocentrée, une randonnée spiritualiste à la mode. Ce qui, selon lui, revient à priver cette aventure religieuse intégrale (du latin *religio* : relier) de sa finalité ultime et de sa signification profonde – bref, à conduire une Ferrari sans passer la seconde ou à commander chez Troisgros un potage en sachet.

Vingt ans après, alors que des visages de pèlerins embrassés et des « flashes » de paysages arpentés visitent encore les songes de mon Panari, je l'entends parfois murmurer (lorsqu'il se dresse, je me couche mais quand il se couche, la nuit, je me dresse – et mes oreilles se dressent aussi) :

— Je vous rends grâce, Seigneur, pour ce *Camino*. Sa poussière est de celle qu'on ne peut chasser de ses sandales. Il est non seulement une « pas-rabole » de l'existence mais un sacrement, un signe sensible de votre présence à nos côtés. Pour cette grâce, *muchas gracias* !

« Vous qui êtes le Chemin et qui avez effectué un si long *Camino* d'auprès du Père pour étendre votre duvet parmi nous, vous m'avez enseigné sur ce sentier, pas à pas, que la nature de toute chose est de passer et que rien ne m'appartient ici-bas si ce n'est la liberté de vous suivre.

« Vous qui êtes la Vérité, vous m'avez donné soif d'une eau vive que je ne peux plus trouver aux fontaines du monde.

« Vous qui êtes la Vie, vous m'avez prodigué, par cette marche vers un tombeau, aux confins de la terre où le soleil s'éteint pour mieux renaître, l'assurance-Vie que la mort est vaincue, et que notre chemin terrestre n'est que le prologue d'une éternité bienheureuse dont vous m'avez donné de goûter les prémices dans une frugalité joyeuse.

« Pour cela et les *gracias* que je ne vois pas encore, Dieu merci !

Inutile d'épiloguer, après ça, sur l'importance des pieds dans l'histoire du salut. Celui qui a des orteils, qu'il entende !

Luc Adrian, pèlerin-reporter à l'hebdomadaire *Famille chrétienne* durant quarante ans, a consacré de nombreux travaux aux pérégrinants ainsi qu'à leurs chemins parfois surprenants. L'un d'eux, par exemple, l'a conduit à vivre deux mois dans le Bronx de New York, sur les pas de François d'Assise et de ses disciples ; il en a tiré l'ouvrage *Des fleurs en enfer* (Presses de la Renaissance, Paris, 2004). Un autre l'a fait plonger par vingt-cinq mètres de fond au large de Calvi (Corse) pour suivre les pèlerins de Notre-Dame-des-Mers.
Sur les voies de pèlerinage, il a publié deux témoignages : *Foi dite en passant. Carnet de route d'un pèlerin ordinaire*

(Presses de la Renaissance, Paris, 1999), récit de sa marche de Sainte-Anne d'Auray à Lourdes ; et *Compostelle. Carnet de route d'un pèlerin*, relatant sa pérégrination de Lourdes à Saint-Jacques-de-Compostelle par le *Camino francés* (Presses de la Renaissance, Paris, 2002 ; nouvelle édition 2010). Il a également publié un recueil de citations spirituelles illustrées par le photographe Yvon Boëlle, *365 méditations sur les chemins de Compostelle* (Presses de la Renaissance, Paris, 2006).

2

Rendez-vous avec le chemin

Mahdi Alioui

« Il n'y a pas de hasard, il n'y a que des rendez-vous » : Mahdi Alioui aime rappeler cette phrase de Paul Éluard qui préside, dit-il, à sa destinée. Un beau jour de l'année 2001, le Chemin lui a donné rendez-vous. Depuis, tous deux sont inséparables et se font régulièrement des cadeaux. Cette amitié est communicative : Mahdi (surnommé Mahdi du Camino) est devenu l'égérie des pèlerins – et des pèlerines !

MAI 2001. « Tu te drogues ? » Je viens d'annoncer à mon père que je démissionnais, que je donnais tout ce que j'avais chez moi et que je partais avec un sac à dos. Sa question me surprend autant qu'elle m'amuse. J'imagine que c'est sa manière de faire un lien avec les hippies d'une époque que je n'ai pas connue.

Comment lui expliquer, à lui qui totalise seulement trois jours de maladie sur une quarantaine d'années passées dans une usine sans se plaindre, que je n'en peux plus de cette vie qui est la mienne ? Que quand je me projette vingt ou trente ans dans le futur, j'ai envie de me flinguer ?

Je déprime à longueur d'année et je bous de colère contre moi-même. Colère d'avoir une vie si minable. Sans aucun sens. Depuis quelques jours, ma petite voix me répète : « Va à Compostelle ! Ta vie changera. »

C'est cette phrase qui me sert d'argumentaire quand j'annonce mon départ à mon employeur. À laquelle j'ajoute : « Vous me laissez partir, c'est bien. Vous refusez, je démissionne. » Dix minutes. Seulement dix petites minutes auront suffi à le convaincre de m'accorder un congé sans solde. Mes collègues n'en reviennent pas. Eux qui me charriaient en me répétant : « Il va te jeter comme une vieille chaussette. Il n'a jamais laissé quelqu'un partir comme ça ! » J'ai dû trouver les bons mots. Il faut dire que j'étais moi-même profondément convaincu de ma démarche.

À ce moment-là, je ne sais pas dans quoi je m'embarque. J'ignore que je vais découvrir un autre monde. Et un autre Mahdi.

Soixante-cinq jours plus tard, j'arrive à Compostelle. Fixant une statue de saint Jacques sur la façade de cette vieille cathédrale que j'aime d'emblée, je me repasse le film de ces derniers mois. Mon départ précipité, mes deux premières semaines catastrophiques, quand mes pieds n'étaient que douleurs, les rencontres, les séparations. Je ne peux pas contenir mes larmes. J'ai réussi ! Je suis fier d'avoir tenu le coup. Et cela fait si longtemps que je n'ai pas été fier de moi...

Marcher plusieurs semaines dans la nature et le calme n'aide pas à retrouver la cohue des grandes villes. Surtout le jour de la Saint-Jacques... Vite, continuer vers Fisterra ! Y brûler mes vêtements et profiter encore quelques jours de mes compagnes et compagnons rencontrés sur le *Camino francés*. Parmi lesquels Joëlle Bévin, cette Bretonne qui jouera plus tard un rôle très important dans ma vie. Je me souviens encore du jour où elle m'a demandé si elle pouvait passer le col de Roncevaux avec moi, peu rassurée de le franchir en solitaire. Au lieu d'une étape, c'est tout le *Camino* que nous avons parcouru ensemble. Quand je la raccompagne à l'aéroport quelques jours plus tard, nous prévoyons de nous revoir à Paris. Elle me promet de me présenter Bernard Ollivier, dont elle m'a longuement parlé – ainsi que de l'association Seuil, qu'il a créée pour aider des adolescents en difficulté. Remettre des jeunes sur le droit chemin par la marche… C'est pour moi !

Tous mes amis du *Camino* sont rentrés chez eux. Je suis seul à Compostelle. Je m'y sens bien. Très bien. J'ai l'impression d'être chez moi. Or, je ressens très rarement ce genre de sensation : je ne me sens chez moi nulle part. Je comprends alors que le Chemin m'a redonné confiance en moi. En me faisant vivre des choses incroyables, il a mis à jour des parties de moi-même dont j'ignorais jusqu'à l'existence. Il m'a fait rire. Pleurer, aussi. Comme à l'ermitage de San Nicolás, à Puente Fitero… où je pleurerai encore quatre ans plus tard. Toujours sans savoir pourquoi.

Je flâne durant des heures dans la vieille ville de Compostelle, ne m'éloignant jamais de la cathédrale que je revisite régulièrement. J'aime cette ambiance. J'aime voir arriver les pèlerins sur la place de l'Obradoiro. J'aime à penser qu'ils ont vécu une aventure humaine et spirituelle aussi intense que la mienne. Voir la majorité d'entre eux pleurer renforce cette certitude.

Si cela ne tenait qu'à moi, je ne rentrerais pas en France. Mais la voix de mon employeur, silencieuse depuis plus de deux mois, résonne à nouveau dans ma tête : « Prends-toi quatre, cinq ou six mois… Quand tu reviens, je te réintègre. » Je dois admettre que je ne suis guère pressé de retrouver les chantiers où j'exerce en tant que câbleur informatique. C'est le moment que choisit un improbable « ange gardien » pour intervenir. Mon banquier fait bloquer ma carte de crédit dans un distributeur. Contrairement à moi, il a compris que mon plan d'épargne logement ne couvrirait plus longtemps mes dépenses. Par chance, j'ai acheté mon billet de bus retour… la veille ! Le jour de mon départ, j'arrive tout penaud à la gare routière. Quand Laurent et Laurence, des Toulousains, m'abordent, je ne suis pas très bavard. Mais une fois dans le bus, lorsque nous échangeons sur nos *caminos* respectifs, je retrouve mon enthousiasme. Nous discutons durant tout le voyage. Des *albergues*, de l'ambiance dans les dortoirs, des ronfleurs, des apnéistes nocturnes, des *bocadillos*, des *tapas*, de la *cerveza*, du *cafe con leche*… du *Camino*, quoi !

Après dix-huit heures de bus, nous arrivons à Toulouse. Il est 4 heures du matin. Notre bus a une heure de retard. Je descends le premier. Avant même que mon pied ne touche le sol français quitté il y a plusieurs mois, Laurent me dit : « Un ami nous attend. Il a un projet. Tu devrais discuter avec lui. » L'ami en question s'appelle Richard Bois. Il est surpris quand je lui demande en quoi consiste son fameux projet. Après quelques secondes, il me répond : « Je souhaite faire Jérusalem – Compostelle, à pied. Et de façon symbolique, faire marcher ensemble un chrétien, un juif et un musulman. » J'ai beau être fatigué, l'idée me séduit immédiatement. Depuis mon arrivée à Compostelle, je ne cesse de me répéter : « Sauf problème particulier, on peut aller partout à pied ! » Je précise quand même à Richard que je m'inscris davantage dans une recherche spirituelle que religieuse. Il me répond : « Moi aussi. Prends ton temps pour y réfléchir. »

Je l'appelle le lendemain de chez Franck, l'ami auvergnat qui m'avait déposé au Puy-en-Velay début mai : « Je ne sais pas comment je vais faire, mais je viens avec toi. » Nous sommes alors en août 2001.

Octobre 2003. Installés chez les sœurs bénédictines, sur le mont des Oliviers, à Jérusalem, nous déchirons nos billets d'avion retour. Ça fait drôle ! Durant ces deux années passées, le projet de « Marche pour la paix » a grandi. Mûri. Plusieurs classes se sont associées à nous et nous soutiennent. En particulier celles du lycée Jean-Macé à Fameck, petite ville de Moselle où j'ai grandi, et où œuvre Kathy Schmeisser, enseignante d'anglais que l'on surnommera « la quatrième marcheuse » tant son soutien indéfectible nous sera précieux.

Sur le papier, notre objectif semble aisé : durant notre périple, nous souhaitons présenter notre démarche chaque fois que ce sera possible. Mais quand nous arrivons en Terre sainte, nous n'avons pas la moindre idée de la façon dont nous allons nous y prendre. C'est encore une fois une rencontre qui va mettre notre projet « en marche », si je puis dire. Celle avec Ayman, un guide palestinien. Il nous présente à un ami directeur d'une école. Celui-ci nous écoute quelques minutes, regarde Ayman et nous lance en anglais : « Êtes-vous prêts à faire un speech devant mes élèves dans dix minutes ? » Surpris, nous relevons le défi. Notre projet prend naissance. Nous sommes à Bethléem… Tout un symbole !

Peu de temps avant de quitter Jérusalem, par un concours de circonstances incroyables, nous faisons la connaissance de Yoann. De confession juive, il rêve d'aller à Compostelle. Immédiatement emballé par notre « Marche pour la Paix », il accepte de se joindre à nous et s'engage à nous rejoindre dès que possible.

Les semaines s'enchaînent, nous entraînant dans la plus fantastique des aventures humaines. Avec nos accoutrements de marcheurs, chargés comme des mulets, nous dénotons au Moyen-Orient. Si bien que, régulièrement, nous sommes accostés par des personnes souhaitant savoir où nous allons. « En Espagne ? À pied ? Vous êtes fous ! » Généralement, ces réactions de surprise précèdent une invitation à boire un café, un thé, voire à partager un hébergement. Rien de tel que de se fondre dans les vieilles villes pour faire les bonnes rencontres. Juifs, chrétiens, musulmans, athées : tous saluent notre « Marche pour la paix ». C'est émouvant de voir des gens pour qui Compostelle ne représente rien se mettre en quatre pour que nous y arrivions !

Notre quotidien n'est que surprise. Un soir, nous dormons chez Ali, un Syrien très pauvre. Chez lui, ni électricité ni eau courante. Sa femme veut chauffer de l'eau pour que nous puissions nous laver. Nous refusons poliment. En nous interpellant alors que la nuit était déjà tombée, Ali nous a promis un lit. Il tient parole en nous installant deux matelas au sol dans la boutique dont il est le gardien. Chez lui, pas de carrelage, juste de la terre battue. Il ne parle qu'arabe. J'arrive parfois à comprendre certains mots, mais généralement un de ses amis effectue la traduction en anglais. Pendant toute la soirée, le village entier défilera pour voir ces curieux étrangers. Un homme me confie : « Ali est le plus pauvre du village, mais il a le plus grand cœur. » Un moment inoubliable.

Plus loin, un chirurgien libanais possédant un hôtel nous déclare : « Ce soir, vous êtes mes invités et vous aurez chacun votre chambre. » Son fils nous promènera en voiture, fier de nous dévoiler la beauté de son pays.

Un jour, la misère. Un jour, l'opulence. Cette « Marche pour la paix » nous dévoile quotidiennement ce que l'humanité a de plus beau. En vingt-deux mois, nous n'avons dormi que deux fois sous tente et une fois dans une gare routière. Dans les quinze pays traversés, nous avons toujours trouvé de l'aide. Nous avons vécu des moments très forts, en prière ou en discussions. Cette marche nous a réconciliés avec ce monde qui peut parfois sembler si violent et sans espoir. Et surtout, à travers nos rencontres avec une centaine d'écoles, de la maternelle à l'université, nous avons pu réaliser à quel point la jeunesse est consciente et sensible aux grands problèmes planétaires.

Cette énergie incroyable reçue durant ce long périple nous a permis d'arriver à la cathédrale de Compostelle à une date très particulière. Le soleil brille en cette superbe journée estivale. Nous sommes reçus par les prêtres de la cathédrale. Trois d'entre eux ont les larmes aux yeux en écoutant certaines de nos anecdotes. Nous sommes le 9 août 2005… C'est la Saint-Amour.

Mars 2006. J'ai encore tous ces souvenirs en mémoire quand, quelques mois plus tard, je retrouve Joëlle. Je lui raconte ces presque deux ans à arpenter des pays que je ne connaissais pas. Toutes ces rencontres si chaleureuses, toutes ces émotions ressenties. L'accueil qui nous a été fait, partout. Je me dis que le chemin m'a emmené bien plus loin que Compostelle. À ce moment-là, je crois avoir tout reçu de ce chemin hors du commun… loin de me douter de ce qui m'est encore réservé.

Comme elle m'en avait fait la promesse, Joëlle me présente Bernard Ollivier. Le courant passe immédiatement. Quelques mois plus tard, je suis accompagnant pour l'association Seuil. Cerise sur le gâteau, j'ai la chance de faire ce séjour de rupture sur le *Camino francés*, qui a une valeur particulière à mes yeux : c'est là que je suis revenu à la vie.

Au programme : Roncevaux – Compostelle – Séville. La marche avec Thomas[1], 15 ans, se déroule tant bien que mal. Son mal-être est tel qu'il m'en fait voir de toutes les couleurs durant ce voyage. Mais percevant un bon fond, je m'accroche. Je me revois adolescent en souffrance, contenant mes colères.

Alors que nous nous installons dans l'auberge municipale de Ponferrada, il me fait une énième scène. Spontanément, dans un calme qui me surprend moi-même, je lui dis : « Que tu le veuilles ou non, je vais t'emmener à Séville. Je veux que tu aies ce chemin inscrit dans ton tracé de vie. Dans ton âme. » Thomas me regarde avec de grands yeux, se demandant sans doute si je ne suis pas devenu fou, et quitte la pièce. Désormais seul dans la chambre que nous partageons, je

1. Le prénom a été modifié.

m'adresse à Dieu (aujourd'hui encore, je me demande ce qui m'a pris) : « Écoute-moi. OK, je vais prendre sur moi et amener ce casse-pieds à Séville. Mais en échange, tu me donnes quelque chose. »

Trois jours plus tard, alors que nous quittons Triacastela pour Sarria, je suggère à Thomas de passer par le monastère de Samos, que je connais déjà. Pour ma part, je ferai l'étape par les hauteurs, via San Xil. J'arrive le premier à Sarria, où nous nous sommes donné rendez-vous. En haut de l'escalier, point de passage obligé, j'attends. J'ai déjà déposé mes affaires à l'auberge. Pas de Thomas en vue. J'interroge quelques pèlerins. Personne ne l'a vu. Cela fait plus d'une heure que je patiente et je commence à me poser des questions. J'ai pourtant suivi notre feuille de route qui prévoit une journée de marche chacun de son côté.

Arrive Françoise, une pèlerine que nous avions déjà croisée. Elle non plus n'a pas vu Thomas. Nous discutons une dizaine de minutes et, las d'attendre, je décide de rebrousser chemin et d'aller à la rencontre de « mon » jeune. Que je retrouve, tout sourire, en compagnie d'Herbert, un pèlerin allemand l'ayant pris à la bonne. Ce dernier avait offert à Thomas la visite du monastère de Samos, d'où leur arrivée tardive. Me voilà rassuré.

Fin décembre, nous arrivons à Séville. Thomas, qui détestait le chemin, me déclare : « Un jour je reviendrai faire le *Camino*. Et si j'ai une petite copine, je l'emmènerai avec moi ! » Quelle chance d'entendre cela ! Ça valait le coup de s'accrocher pour ce jeune perdu...

Un an plus tard, il me téléphone pour m'annoncer qu'il suit une formation. Un miracle pour ce garçon déscolarisé depuis l'âge de 11 ans ! Quant à moi, je file le parfait amour avec… Françoise, la pèlerine de Sarria. Dieu m'a bien entendu à Ponferrada !

Cette histoire aurait pu en rester là, mais elle s'est encore prolongée. Après avoir parcouru plusieurs chemins en Europe et traversé quelques années très difficiles moralement et financièrement, je réalise un vieux rêve : travailler sur le chemin. Depuis 2017, j'anime la boutique Caminoloc, à Cahors. Créée avec Serge Bouquet (ancien hébergeur dans cette ville, au Relais des Jacobins), elle est entièrement dédiée aux pèlerins. Tout comme sa petite sœur ouverte en 2020 à Condom, où officie Philippe Brendel, le troisième mousquetaire. Équipements, services, échanges : les pèlerin(e)s sont chouchouté(e)s. Comme lorsque je les reçois dans notre gîte baptisé « L'Ambassade ». Pourquoi ce nom ? Ça, c'est une autre (et longue) histoire. Une histoire d'amour liée au Québec…

L'amour : le dénominateur commun de ces aventures. Car c'est aussi d'amour dont il est question sur ce chemin magique. D'Amour avec un grand « A ». Un Amour universel. Sur le *Camino*, toutes les barrières tombent pour mener à l'essentiel. Il y a comme une union. Il y a communion.

C'est en arpentant ce chemin pas comme les autres que j'ai enfin compris que j'avais ma place ici-bas. Que j'avais le droit de vivre. De fait, depuis près de vingt ans, toute ma vie tourne autour du chemin de Compostelle. Aujourd'hui, je peux l'affirmer sans ambages : il m'a sauvé la vie !

Je dédie ce texte à Myriam Dessaivre, assassinée au Niger le 9 août 2020 avec sept autres personnes. Ce jour-là, cela faisait quinze ans que nous étions arrivés à Compostelle, depuis Jérusalem. Accompagnée de sa famille, Myriam avait marché avec nous de Triacastela à Fisterra. Elle avait alors 11 ans. Cette marche l'avait marquée. Plus tard, elle a consacré ses études, et toute sa vie, à la paix dans le monde.

Je le dédie aussi à mon ami de jeunesse William Duarte. J'avais prévu de lui faire découvrir le chemin. La maladie l'a emporté durant la rédaction de ce texte. Que saint Jacques l'accueille !

Mahdi Alioui est né à Thionville, en Moselle, où il a grandi dans des quartiers dits populaires. Il a donc été sensibilisé très tôt au devenir des jeunes. Il s'est impliqué dans les actions menées par certaines structures sociales de la ville de Fameck : encadrement d'adolescents sur des chantiers, participation à des séjours de vacances pour jeunes en difficulté, soutien scolaire. Travailleur social, chauffeur de taxi de nuit, câbleur informatique : il a enchaîné les emplois jusqu'à ses premiers pas sur le chemin de Saint-Jacques, en 2001, du Puy-en-Velay à Compostelle, et la grande remise en question de sa vie. Depuis, il arpente ce chemin dès qu'il le peut. Il a accompli deux de ses marches dans un cadre spécifique : en 2003, la « Marche pour la paix » de Jérusalem à Saint-Jacques-de-Compostelle ; puis en 2006, la marche d'accompagnement pour l'association Seuil, sur le *Camino francés* et la *Via de la Plata*. Il a ensuite effectué de nouveau le *Camino francés* en 2006 et 2010, puis la voie d'Arles en 2008 et la voie de Paris/Tours en 2016. En 2014, il a relié le col du Grand-Saint-Bernard à Assise. Depuis 2017, il privilégie la période hivernale pour marcher : *Camino mozárabe* en novembre 2017, 2018 et 2019 ; *Camino del Norte* et *Camino primitivo* en janvier 2018 ; voie du Puy-en-Velay en janvier 2019 ; *Via arverna* en janvier 2020.
Depuis 2017, son quotidien consiste également à prendre soin des pèlerins passant par Caminoloc, une boutique de matériel de randonnée située à Cahors, sur la voie du Puy-en-Velay, où il cultive les valeurs humaines qui lui sont chères : solidarité, amitié, partage. Tous les pèlerins le connaissent sous le nom de « Mahdi du Camino ».

3

Cheminer pour transmettre

Céline Anaya Gautier

Céline Anaya Gautier aime dire que le chemin de Saint-Jacques est « sa maison de campagne ». Depuis qu'elle a parcouru le Camino francés, *en 2004, cette photographe et écrivaine y est revenue périodiquement. Pour s'y ressourcer, pour y effectuer des reportages... et aussi pour transmettre. C'est en effet sur ce chemin qu'elle a choisi d'emmener son fils Santiago (le bien nommé !) pour effectuer, à 7 ans, son passage de « petit homme ». Dans cette lettre qu'elle lui adresse, ainsi qu'à son deuxième fils Leandro, elle explique pourquoi le chemin est le lieu idéal pour apprendre à traverser la vie.*

Mes chers Santiago et Leandro,

Il se peut que, dans un futur lointain, quand vous serez grands et sur les routes de vos propres vies et aventures, vous vous posiez les questions : « Pourquoi ? Pourquoi Maman nous a-t-elle proposé ce passage de petit homme ? Pourquoi nous a-t-elle emmenés marcher sur les chemins de Compostelle et sur la *Via francigena* ? Pourquoi la marche initiatique sur un chemin de pèlerinage était si importante pour elle ? Pourquoi, à 44 ans, avait-elle marché à neuf reprises sur les chemins de Saint-Jacques ? Pourquoi disait-elle tout le temps que Compostelle était sa maison de cœur ? Pourquoi... »

C'est en claquant la porte, comme une adolescente rebelle, que j'ai quitté mon cocon familial péruvien à l'âge de 18 ans. Du jour au lendemain, je me suis trouvée projetée dans le monde des adultes, libre de faire et dire tout ce que je voulais, comme je le voulais. À mon sens, cette liberté est absolument nécessaire, à cet âge-là, pour découvrir son courage, ses propres valeurs et inventer de nouvelles frontières. L'Invisible sait que le courage, caractéristique de notre lignée, m'a aidé à me surpasser et à déplacer des montagnes – mais il sait aussi que la peur a été la grande compagne de chacun de mes pas.

Quand vous êtes arrivés dans ma vie, vous étiez si beaux, si petits, si fragiles... Après la phase d'émerveillement que peut ressentir une mère qui découvre la chair de sa chair, arrivent invariablement les doutes et, une fois de plus, la peur. Comment bien faire ? Comment vous élever ? Comment être une bonne mère ? Comment vous montrer les liens qui nous unissent tous et vous livrer les paraboles nécessaires à une compréhension de la vie et de ce qui vous attend ? Qu'est-ce je dois vous léguer ? Qu'est ce qui est essentiel ? Et surtout, si je partais demain, quelle serait la chose la plus importante que vous devriez retenir de votre maman ?

J'avais une urgence : je voulais que vous sachiez très rapidement vous débrouiller seuls, que vous soyez indépendants dans vos têtes, que vos esprits soient libres et que vous ayez une grande confiance en la vie. Je voulais que vous sachiez que votre vie vous appartient, qu'elle est un cadeau parfois douloureux mais immensément merveilleux, que quoi qu'il arrive, même si vos parents n'étaient plus là, vous seriez toujours capables de tout, et que s'il est vrai que parfois les choses nous semblent difficiles, rien n'est jamais impossible !

Santiago, quel cadeau m'as-tu fait en m'annonçant, en ce mois de décembre 2013, que pour devenir un petit homme tu souhaitais marcher sur « ton » chemin – le chemin de Santiago de Compostela ! Jamais je n'aurais imaginé, à ce moment-là de ma vie, qu'un jour je marcherais avec toi, aussi jeune, sur le chemin d'une si grande aventure. Par ta maturité et ta vision, tu m'as offert la chance de cheminer avec un enfant et tu as ouvert la voie à ton frère Leandro pour son voyage sur la *Via francigena*, six ans plus tard.

Sachez que toutes les raisons que je viens de vous citer m'ont amenée à inventer ce rituel du passage du petit homme. C'est cette urgence qui a guidé chacun de mes pas dans votre éducation, et c'est pour cela que j'ai accepté qu'à l'âge de 7 ans, vous deveniez, tous les deux, des pèlerins de Compostelle et de la *Via francigena*, des pèlerins du chemin de la vie. Si vous aviez eu une sœur, soyez-en sûrs, elle aussi aurait marché pour devenir une jeune fille.

Vos réflexions tout au long de vos chemins et la beauté de votre cheminement sur ces deux grands chemins de pèlerinage t'ont immédiatement donné raison, cher Santiago. Marcher sur les chemins de Compostelle et la *Via francigena* était le plus beau et juste passage de petit homme que vous pouviez vivre.

Au contact du chemin et de ses pèlerins, immergés dans la nature et au rythme de chacun de vos pas, je vous ai vus comprendre que le sacré n'était pas seulement histoire de religion, mais qu'il était présent dans chaque petite chose et chaque être qui nous entoure. ÉMERVEILLEMENT.

Je vous ai vus apprendre à aimer la nature dans toutes ses splendeurs, mais aussi la craindre dans ses apparentes colères. RESPECT.

Je vous ai vus comprendre, à travers la découverte de la douleur de vos petits corps, qu'il était important et primordial de prendre soin de vous. AMOUR DE SOI.

Je vous ai vus comprendre qu'il était important de prendre soin aussi de ceux qui croisent nos chemins, ou au moins de les accepter là où ils en sont, car même si nous ne pensons pas la même chose ou ne venons pas du même milieu, nous cheminons tous, comme nous pouvons, avec le poids du sac que nous avons décidé de porter. COMPASSION.

Je vous ai vus comprendre, au contact des autres pèlerins et dans des moments difficiles, qu'il valait mieux partager que posséder, et que le don du peu que nous avons suffit à changer le chemin d'une personne qui souffre profondément. ALTRUISME.

Je vous ai vus comprendre que dans les épreuves, même quand on ne peut plus, on peut encore. COURAGE.

Je vous ai aussi vus douter de vous, vous interroger sur vos capacités, pleurer parfois de fatigue et de découragement ; mais peu à peu, au fur et à mesure de vos pas, je vous ai vus croire en vous et en vos capacités de réussir, je vous ai vus devenir fiers de vous et de vos accomplissements. CONFIANCE.

Alors, mes amours, vous pouvez me faire confiance : la liste de tout ce que vous avez appris sur le chemin est encore très longue. Même si vous n'en avez pas encore conscience, j'ai vu chacune de ces graines de leçon du chemin se planter en vous. Je les vois aujourd'hui éclore, petit à petit. Aujourd'hui, nous continuons à cheminer dans notre quotidien, mais quelque chose a changé. Vous savez que je suis votre maman et que je suis là pour vous, mais vous savez aussi que je suis avant tout une pèlerine de la vie qui chemine sur le même chemin que vous, avec quelques étapes d'avances. J'apprends chaque jour à être maman comme vous apprenez à être mes enfants. J'apprends chaque jour de mes choix comme vous apprenez à faire vos choix.

Aujourd'hui, je me dis qu'il n'y avait pas meilleur lieu pour vos rituels de passage que le chemin des étoiles, Compostelle, et celui de la terre, la *Via francigena*. Il me semble que c'est ce que nous cherchons tous, pèlerins adultes, en allant cheminer sur des milliers de kilomètres de chemins qui portent le poids des espoirs et des peines de l'humanité. Nous cherchons désespérément à nous reconnecter à la terre et aux étoiles pour reprendre notre place : celle qui est à mi-chemin entre l'humanité et le divin. Nous voulons, à travers la marche et la nature, sauvage et merveilleuse, éprouver notre courage et retrouver la force qui nous assure que nous sommes capables de tout ce que nous voulons ou décidons d'être !

D'origine franco-péruvienne, Céline Anaya Gautier a d'abord été hôtesse de l'air puis bénévole humanitaire (notamment au Pérou), avant de devenir photographe. Après son premier livre, *Cœur de femmes* (Éditions de La Martinière, Paris, 2004), fruit d'un projet de deux ans au contact de femmes sans-abri à Paris, elle a découvert les chemins de Compostelle, qui furent pour elle un refuge. Elle les a ensuite empruntés à huit reprises, parcourant plus de 7 000 kilomètres en France et en Espagne. En 2014, elle a effectué avec son fils Santiago les 1 200 kilomètres qui séparent Nogaro (Gers) de Saint-Jacques-de-Compostelle. Elle a relaté cette aventure dans un récit, *Dis Maman, c'est encore loin Compostelle ?* (Le Passeur, Paris, 2015 ; Le Passeur Poche, 2018), et dans un livre illustré de photographies, *Santiago au pays de Compostelle* (Éditions de La Martinière, Paris, 2016). Elle a également publié un recueil de citations et de photos de pèlerins, *Compostelle. Paroles de pèlerins* (Flammarion, Paris, 2017). Céline Anaya Gautier a réalisé de nombreuses expositions et collabore avec plusieurs magazines, en France et à l'étranger.

4

Retour à Compostelle

Hervé Bellec

Hervé Bellec est un pionnier. Par un beau jour d'août 1986, il abandonna le café de la place Guérin, à Brest, où il était barman, pour mettre le cap sur Compostelle. Un pèlerinage solitaire consigné dans un journal de bord qui a réjoui plusieurs milliers de lecteurs. Ce voyage au long cours le marquera à jamais, et sa reconnaissance aux chemins de Saint-Jacques est si ancrée en lui qu'elle semble éternelle – à l'image du granite qui caractérise les deux Finisterres : sa terre bretonne comme l'extrémité de la péninsule Ibérique.

PLUS de trente ans après, me voici de retour à Roncevaux. En voiture, cette fois-ci. Ni le site, ni l'abbaye, ni même le bistrot où je m'étais restauré n'ont bougé d'un pouce. Seule la serveuse a changé et, avec elle, l'Espagne tout entière – ou presque. Mais il semble que le pèlerinage soit depuis devenu une destination touristique de masse pour jeunes retraités en quête d'air frais ou de « ressourcement », comme ils disent. Je le redoutais, j'en ai eu confirmation un peu plus tard en passant devant le refuge surchargé de Saint-Jean-Pied-de-Port. C'est désormais ainsi. Je sais, je joue les anciens combattants, les vieux de la vieille, les pionniers qui se targuent d'avoir fait la route bien avant la grande vague, bien avant le déferlement. En 1986, peu de gens pouvaient situer Saint-Jacques-de-Compostelle sur une carte et rares étaient ceux qui avaient eu vent de cette histoire. Et même si j'ai croisé quelques pèlerins de mon espèce, des égarés sans doute, arpenté quelques pas à leurs côtés, je dois avouer que la solitude fut ma compagne la plus fidèle tout au long de cet interminable chemin depuis mon départ de Brest jusqu'au portique de la cathédrale de Santiago. Près de 1 800 kilomètres au compteur, s'il vous plaît. Ce n'est pas rien.

À Roncevaux, je reconnais la route qui descend vers le sud, je retrouve les couleurs et même les odeurs, je cherche la lucarne de la chambre de l'abbaye où j'avais si mal dormi en cette nuit pluvieuse de septembre 1986. J'avais alors 31 ans, un jeunot, je claquais des dents, je souffrais des pieds, j'angoissais parfois, et j'ai la fausse et désagréable impression que c'était hier car tout cela est imprimé dans mon esprit à l'encre indélébile. Ma chance, je le sais aujourd'hui, a été de ne pas avoir apporté d'appareil photo. De fait, les souvenirs et les émotions de cette pérégrination sont restés gravés dans ma mémoire de façon bien plus intime et plus forte que si je les avais en quelque sorte thésaurisés sur des images de papier glacé. Pas d'appareil et nul smartphone, bien sûr, encore moins de GPS. Nous appartenions encore à la civilisation prénumérique, on écrivait des lettres à la main, c'était une autre époque. Ancien combattant, vous dis-je.

De sortie scolaire, un groupe d'écoliers excités comme des jeunes coqs visite les lieux. Deux grands cars les attendent sur le parking. Nous faisons quelques pas entre l'abbaye et la chapelle. Finalement, nous commandons au bistrot un café que nous dégustons sur un banc installé à l'extérieur, près de l'entrée, pour profiter de la douceur de l'air. Étonnée, Fanny, ma compagne, me demande une fois de plus – mais me l'a-t-elle déjà vraiment demandé ? – les raisons profondes de ce « voyage ». Mécréante convaincue, elle n'arrive pas à articuler le mot « pèlerinage » sans que ça lui blesse les lèvres. Je m'en sors, une fois de plus, par une pirouette désabusée : « Tu n'as qu'à lire le bouquin ! » C'est déjà fait, dit-elle. Elle insiste. Elle veut que je sois sincère, « pour une fois ! ». Alors, contre toute attente, je m'entends lui répondre d'une voix un tantinet caverneuse que c'est par vengeance, oui, tout simplement par vengeance. Ses sourcils en accent circonflexe semblent exiger davantage d'explications que je finis par lui confesser en prenant bien soin de ne pas la regarder en face : « Une femme – Nathalie, je t'en ai déjà parlé – venait de me larguer d'une manière… peu élégante, dirons-nous. Or, elle rêvait depuis toujours d'aller à pied jusqu'à Compostelle bien qu'à mon avis, elle n'en avait ni le cran ni la force. Peu importe, je l'ai fait à sa place, ce foutu pèlerinage, histoire de lui couper l'herbe sous les pieds. Je lui ai tout simplement kidnappé son rêve et j'admets qu'il n'y a rien de plus pervers, de plus démoniaque que de s'approprier le rêve de quelqu'un et de le réaliser à son compte. »

C'est la première fois que j'avoue une telle chose, comme un lourd secret dont je me débarrasse enfin, soudain libéré d'un gros poids. On dirait que Fanny cherche de l'air : « Mais c'est terrifiant, ce que tu viens de me dire ! » Un rien piteux, je temporise : « Bah, n'exagérons rien, je reconnais que ça manque un peu de noblesse, voilà tout ! Et puis il y a prescription, non ? » Nous reprenons la voiture et c'est par la route que nous passons le col avant de rejoindre la France sans rien se dire ou presque, fidèles à notre habitude de rester chacun dans sa bulle. Fanny n'a pas cherché à en savoir davantage mais je devine les pensées qu'elle est en train de ruminer après ce que je viens de lui dire, au risque d'en tirer des conclusions toutes aléatoires sur la face obscure de l'homme auprès de qui il lui arrive de s'endormir en toute quiétude.

En 1990, soit quatre ans après ledit pèlerinage, sortait mon premier livre rédigé à partir des notes que j'avais prises chaque jour sur un calepin et qui relatait mes journées dans le détail, mes petites misères, mes gros coups de blues, quelques coups de cœur. Mais bien obligé d'admettre que c'est une supercherie : mon journal de bord pieusement conservé sur ces petits carnets n'a rien à voir avec ce « récit de voyage » publié sous le titre *Garce d'étoile*. Le premier, écrit à la main, était peut-être maladroitement griffonné mais il était sincère, « pour une fois », il puait la sueur à plein nez. Le second n'était au final qu'un roman de voyage, un aimable divertissement. De l'esbroufe, en somme. Ma réalité était passée à la moulinette de l'ambition littéraire. Toujours est-il que c'est cette expérience qui m'a mis le pied à l'étrier de l'écriture. Je voulais faire comme les grands, les Lacarrière, les Bouvier… ou tout au moins essayer, et pourquoi pas ? Depuis, je n'ai cessé d'écrire. Ma route a zigzagué dans d'autres directions, mais c'est sur celle de Santiago que j'avais appris à marcher, ce qui, contrairement à ce que l'on pourrait croire, ne va pas forcément de soi. Il ne suffit pas de mettre un pied devant l'autre et de recommencer, c'est bien plus subtil que ça, vous le savez, et plus compliqué aussi. Entre nous soit dit, cette histoire de rupture sentimentale n'était qu'un prétexte, un fieffé mensonge, un de plus. Je voulais ni plus ni moins disparaître pour un temps de la circulation. Ce fut fait.

Je n'irai plus jamais à Saint-Jacques-de-Compostelle. Inutile de refaire un chemin déjà parcouru et il y a à travers la planète tant d'autres itinéraires à découvrir mais surtout, surtout, j'ai peur que ces images enregistrées dans un recoin de ma mémoire m'échappent à tout jamais, se délitent et disparaissent comme des photos jetées dans un bain d'acide. J'ai peur de me trahir, de tout gâcher, car il y a fort à parier que le bruit de la pluie tambourinant sur les toits de l'abbaye de Roncevaux, en cette nuit de septembre 1986, résonnera le jour venu sur le bois de mon cercueil et me consolera.

Hervé Bellec vit à Landerneau, dans le Finistère. Il a été musicien, puis barman, enfin professeur d'histoire-géographie à Brest, tout en consacrant une grande partie de sa vie à l'écriture. Il collabore à la revue *Ar Men*. Il est l'auteur d'une quinzaine de livres : des récits de voyages (*Sur le chemin de Stevenson*, Éditions Ouest-France, Rennes, 2007 ; *Les sirènes du Transsibérien*, Géorama, Brest, 2008 ; *La balade de Bob Kerjan*, Brest, 2020), des recueils de nouvelles (*Un bon Dieu pour les ivrognes*, Coop-Breizh, Spézet, 2006 ; *Si c'est ma femme, je suis pas là*, Dialogues, Brest, 2011), des chroniques (*Je hais les dimanches*, Dialogues, Brest, 2 tomes, 2015 et 2016) et des romans (*La nuit blanche*, Nil, Paris, 2000 ; *Félicité Grall*, Robert Laffont, Paris, 2004). Dans son récit *Garce d'étoile* (Éditions Bretagnes, Taulé, 1990 ; Géorama, Porspoder, 2018), il relate son pèlerinage de Brest à Saint-Jacques-de-Compostelle. Son dernier roman, *Lulu tout simplement*, paru en 2020 aux Presses de la Cité, s'inspire encore et toujours du chemin de Saint-Jacques : il raconte en forme de *road trip* la rencontre improbable entre Baptiste, un musicien légèrement dépressif, et Lulu, une routarde qui, en échange d'un salaire, accomplit des pèlerinages par procuration.

5

Parcours d'un photographe sur le chemin de l'Étoile

Yvon Boëlle

Yvon Boëlle, photographe ayant illustré de nombreux livres et magazines sur les chemins de Compostelle, est bien connu des pèlerins. Ses images ont même été à l'origine de nombreux départs sur ces routes, tant la passion de ce Breton pour ces chemins qui convergent vers l'autre Finistère est communicative. Il nous révèle l'histoire qui se cache derrière quelques-unes de ses photos préférées.

MARDI 2 juillet 1996, en haut des marches de la cathédrale du Puy-en-Velay. Au loin, les monts du Velay, éclairés par une lumière dorée. J'empoigne mon sac à dos chargé de matériel photo et descends vers la rue des Tables. Vers Compostelle. Patrick Huchet m'accompagne : les éditions Ouest-France viennent de nous confier un reportage sur les quatre chemins principaux en France. Je ne sais pas encore que cette aventure chamboulera ma vie d'homme et de photographe durant les quinze années qui suivront. Aujourd'hui, vingt-cinq ans après, en hommage à ce chemin qui m'a tant apporté, je tente de rassembler dans mon esprit quelques photographies parmi les milliers rapportées. Une gageure… mais allons-y. *Ultreia*, comme disent les jacquets !

Me voici de nouveau projeté sur ce chemin millénaire. J'y ai fait des rencontres exceptionnelles, avec des lieux mais aussi avec des marcheurs. Depuis, des images et des visages se bousculent, des paysages et des musiques s'entrechoquent dans ma mémoire. Comme ces pèlerins croisés en Aubrac : au Moulin-de-la-Folle, Angela, qui a décidé de « s'offrir » le pèlerinage à Santiago pour ses 50 ans, afin de « faire le point », dit-elle ; et Sean, un Écossais de 73 ans, qui vient d'être opéré à cœur ouvert et de subir un triple pontage. C'est la deuxième fois qu'il parcourt le *Camino*. Partager avec eux, debout, au milieu de la draille, une orange et un morceau de chocolat, reste pour moi un moment de bonheur aussi simple qu'intense.

En écrivant ces lignes et en pensant à ces photos, je revis ces instants magiques où j'ai découvert les monts d'Aubrac, au sortir de la Margeride et du Gévaudan. Je ressens intensément ce vertige vertical qui nous submerge devant un paysage sans fin, sans repères. Je remonte les marches usées par les sandales des milliers de pèlerins qui m'ont précédé à la chapelle haute de la petite église de Bessuéjouls. J'y revois ces chapiteaux fantastiques illustrés de femmes-serpents ou de femmes-poissons : autant d'énigmes pour poursuivre la route ! Je redessine sans fin les contours lumineux du merveilleux cloître de Moissac. À Conques, je processionne derrière la guitare de frère Jean-Daniel, la statue de sainte Foy éclairée par les torches des fidèles.

Conques ! Après l'Aubrac, c'est l'image la plus intense qui me vient à l'esprit. Il y a plusieurs années, bien avant de connaître les chemins de Compostelle, par une soirée d'été, je pénétrai pour la première fois dans l'ombre bienfaitrice de l'abbatiale de ce merveilleux village. Peu de monde dans l'édifice : quelques frères prémontrés, qui s'activaient à préparer l'office du soir. Un chant s'éleva alors, venant du chœur ; je restai pénétré par cette musique inconnue qui me bouleversa. Plus tard, je découvris qu'il s'agissait de l'hymne *O Virgo splendens*, extraite du *Livre vermeil* de l'abbaye de Montserrat. Je venais d'entrer dans le monde médiéval et roman par la grande porte. Depuis ce jour-là, les « signes » se succédant un à un m'attirèrent irrémédiablement vers *le* chemin.

En 1998, après ces itinérances en France, je suis parti sur le *Camino francés* en Espagne. L'envie irrépressible de confronter un émerveillement littéraire à la réalité sur le terrain m'a entraîné, une fois de plus, vers l'ouest, et, franchissant la barrière montagneuse des Pyrénées, j'ai découvert la péninsule Ibérique. Un lever de soleil sur le désert de la Castille, une tournée de *tapas* à Bilbao, la traversée des monts du Bierzo, la bruine impalpable effaçant les tours de la cathédrale de Saint-Jacques-de-Compostelle, la mer à l'assaut du cap Finisterre : tels sont quelques-uns des souvenirs, parmi bien d'autres, qui me resteront de ce pays.

Comment choisir, encore une fois, parmi les milliers d'images rapportées ? Une rencontre qui justifie mon travail de photographe. En 2002, lors d'un nouveau reportage en Espagne, parvenu après le village de Villafranca del Bierzo, j'observais dans mon téléobjectif un couple de marcheurs qui, se tenant par la main, suivait le sentier escarpé qui montait vers la Galice. De jeunes amoureux, sans doute, partis ensemble vers Santiago. Accélérant le pas, je les rattrapai, et, arrivé à leur hauteur, je m'aperçus avec surprise qu'ils n'étaient pas si jeunes que cela. Le temps que dura notre conversation

– dix minutes à peu près –, ils ne se sont pas lâché la main, et la femme affichait le même sourire satisfait que l'ange de la cathédrale de Reims. J'appris qu'ils avaient tous les deux 75 ans, venaient de Bruxelles à pied et ne se souvenaient plus quand ils étaient partis, contre l'avis de leurs enfants et amis qui leur déconseillaient cette aventure, à leur âge ! Ils me confièrent qu'ils avaient pris la route suite à la lecture d'un ouvrage sur Compostelle. « Je ne sais si nous arriverons au but, ajouta la femme. Nous marchons un peu chaque jour et nous nous arrêtons quand la fatigue se fait sentir. Mais je peux vous assurer, Monsieur – toujours le sourire aux lèvres –, je n'ai jamais été aussi heureuse de ma vie ! » Leur histoire m'ayant bouleversé, je m'apprêtai à leur offrir notre ouvrage précédent et, le sortant de mon sac, je le leur montrai. « Oh ! Monsieur, s'exclamèrent-ils, c'est incroyable ! C'est votre livre que nous ont donné nos enfants. Et c'est grâce à lui que nous sommes sur le chemin aujourd'hui ! »

Une autre photographie, sans doute la plus diffusée à travers ouvrages, magazines et affiches : à la Cruz de ferro, une pèlerine montant le cairn de roches et cailloux vers une croix de fer fichée en haut d'un mât. Site emblématique du chemin, s'il en est ! Dans ce lieu élevé des Montes de León, la météo est souvent mauvaise. Lors de mon passage, le ciel s'est obscurci de façon soudaine, et la silhouette de cette marcheuse vêtue de blanc se détachait sur un ciel d'encre. Deux minutes pour immortaliser la scène !

Dernière image, la plus récente. Cap Finisterre, 13 juin 2010. J'attends, dans un brouillard épais, assourdi par la corne de brume du phare, l'arrivée de pèlerins. Car c'est bien ici que s'achève ce chemin des étoiles : la borne indiquant « 0,000 km » le signale. Un jeune couple gravit alors les derniers mètres du promontoire atlantique, semblant chercher un endroit pour un sacrifice particulier. Ayant choisi un creux dans la roche, le garçon y dépose deux tee-shirts, les imbibe d'un liquide inflammable et, au moyen de son briquet, y met le feu. Malgré la bruine qui noie l'atmosphère, une petite flamme orangée surgit des vêtements offerts aux éléments. Le pèlerin et la pèlerine y jettent leur bâton de marche et, s'étant éloigné quelque peu, s'enlacent en étouffant leurs larmes. La brume s'épaissit brusquement. Ils disparaissent à mes yeux, et je reste seul avec le mugissement terrible de cette corne de brume qui se répercute sur l'océan devenu invisible.

Yvon Boëlle, photographe, est souvent qualifié de « guetteur de lumières ». Breton, il privilégie les destinations océanes, des îles Hébrides à la Galice, de l'Irlande à la Bretagne. Dans ces sujets, le chemin de Saint-Jacques occupe une place majeure, puisque Yvon Boëlle lui a consacré quinze années de reportages. Parmi ses ouvrages : *Le frisson des départs* (texte de Jean-Claude Bourlès, Salvator, Paris, 2012), *Sur la route des plus belles légendes celtes* (texte d'Alan Stivell, Arthaud, Paris, 2013), *Tous les chemins de Compostelle* (texte de Patrick Huchet, Éditions Ouest-France, Rennes, 2015) et *Une Bretagne des légendes* (texte d'Yves Paccalet, Éditions Ouest-France, Rennes, 2017).

6

Pèlerin indompté

Édouard Cortès

« Le chemin est l'antidote à tous les maux. » C'est l'une des phrases qu'Édouard Cortès, intrépide explorateur devenu berger, aime à prononcer. À 19 ans, le chemin de Saint-Jacques en solitaire a été son parcours initiatique. Il reliera ensuite Jérusalem avec sa femme, puis Rome avec sa famille. Désormais, cette philosophie de la route imprègne sa vie qui, comme le cheminement du pèlerin, conjugue le doute et la quête de sens.

Dans cette vie où je me noie,
De moi, des autres, je suis las,
Route, ton appel est une voie :
Encor et encor faire un pas.

Dans le mensonge et dans le bruit
Fais renaître en moi le sauvage ;
Tu es le chemin, je te suis,
Poches pleines de ton courage.

Dans le doute et la colère,
Je marche par la poussière,
Et tu gardes, présent du grand air,
Mon cœur seul indompté et fier.

Dans ce monde tissant sa toile,
Pour emprisonner tout destin,
Toi, tu rallumes les étoiles,
Libre, tu traces mon chemin.

Dans les souffrances à venir,
Où la mort attend au tournant,
Sans peur, tu me fais tenir,
Debout, pèlerin, en avant !

Écrivain, voyageur, berger, Édouard Cortès est membre de la Guilde du raid et de la Société des explorateurs français. Il a mené plusieurs expéditions dont la traversée du Caucase à pied, un voyage sur les routes de la soie en Afghanistan ou encore un périple en 2CV de la France au Vietnam. Lors de l'année jubilaire 1999, il a relié Rocamadour à Compostelle. En 2007, il a effectué avec sa femme, en guise de voyage de noces, le pèlerinage de Jérusalem : 5 000 km au départ de Paris. En 2012, il a cheminé en famille, avec une carriole et un âne, du Puy-en-Velay jusqu'à Rome. Il a ainsi accompli le triptyque des grands pèlerinages chrétiens.
Il est l'auteur de plusieurs récits dont *Paris – Saigon* (Presses de la Renaissance, Paris, 2005), *Ararat. Sur la piste de l'arche de Noé* (Presses de la Renaissance, Paris, 2007), *Un chemin de promesses* (XO, Paris, 2008), *En chemin vers Rome* (XO, Paris, 2013) ; ou encore *Par la force des arbres* (Éditions des Équateurs, Paris, 2020), récit de trois mois passés dans un chêne du Périgord noir, pèlerinage immobile à l'affût du silence, de l'instant et de la beauté sylvestre. Il a également publié un beau livre, *L'Esprit du chemin. Compostelle, Rome, Jérusalem* (Arthaud, Paris, 2014 ; Arthaud poche, 2016).

7

La petite musique du chemin

Yves Duteil

Les étapes du chemin de Saint-Jacques qu'Yves Duteil a effectuées à l'automne 2004, d'Orthez à Saint-Jean-Pied-de-Port, ont laissé en lui une trace, une petite musique dans son cœur. En reprenant le titre de vingt de ses chansons qui reflètent son univers, il rend ici hommage à ce chemin qui l'a tant inspiré.

1. Instants de trêve

La rencontre du chemin de Saint-Jacques fut déterminante dans ma vie. Ce cheminement fut un instant de plénitude, de paix, d'harmonie intérieure. Plus encore : il a agi comme un gouvernail de profondeur. Je crois que c'était le bon moment. C'est comme si le chemin m'attendait. Sur la ligne du départ, il m'a dit : « Allez, on y va ? » Quand l'élève est prêt, le maître arrive !

2. Le petit pont de bois

Mon cheminement a été encadré par deux ponts. Le Pont-Vieux d'Orthez m'a ouvert la route. Et au terme de cette marche, le pont Notre-Dame, à Saint-Jean-Pied-de-Port, m'a invité à poursuivre mon chemin de manière plus intérieure. Un pont, c'est une passerelle qui aide à franchir un obstacle. Il symbolise aussi la traversée, la découverte de l'inconnu. C'est enfin un lien, un trait d'union qui relie deux univers séparés et nous emmène vers une part complémentaire de nous-mêmes. Le chemin n'est pas un univers d'uniformité mais celui de la conjonction de nos différences.

3. *Le passeur de lumière*

Sur le chemin, on entre passant et on ressort passeur. Les hébergeurs font partie de ces passeurs. Pour ma part, des amis m'avaient accueilli à Orthez pour me confier à la route. À l'arrivée à Saint-Jean-Pied-de-Port, d'autres amis, Régine et son mari Jean, m'attendaient. Jean avait effectué le chemin quelques années auparavant, et cette aventure avait réorienté sa vie : il avait acheté une maison à Saint-Jean-Pied-de-Port, qu'il avait transformée en gîte pour pèlerins nommé « Sous un chemin d'étoiles ». Cet homme généreux, qui savait recevoir, avait mis cet adage à l'entrée de son gîte : « Ici, pèlerin, tu n'es pas logé, tu es reçu ; tu n'es pas hébergé, tu es accueilli ; tu n'es pas un passant, tu es un hôte. »

Jean m'avait prêté son bourdon pour faire ce pèlerinage. En plus de l'aide à la marche, ce bâton m'a protégé contre les chiens errants… ou ceux qui ne dormaient que d'un œil. Symboliquement, il m'a précédé sur le chemin.

4. Virages

Le chemin n'est pas tout droit, il est parsemé de tournants qu'il faut savoir négocier. Ces virages sont indiqués par des signes qui jalonnent la route. De même, dans la vie, il faut être à l'écoute des signes qui balisent notre quotidien, pour prendre un tournant quand cela est nécessaire.

5. N'aie plus peur

Je suis parti seul, en pèlerin. Mais je ne me suis jamais senti seul ni perdu. Je n'ai jamais eu peur, alors que ma solitude me rendait vulnérable. J'étais habité par la confiance. Je sentais que j'étais dans les mains de quelqu'un, qui me parlait par l'intermédiaire de signes. Sur le chemin, on est au milieu de nulle part, mais on est au centre de tout.

6. Une minute de silence

Le silence du chemin n'est jamais vide, il est toujours empreint d'un sentiment : attente, angoisse, espérance, chagrin, souvenir, parole entendue, musique qui vous habite, idée qui revient à la surface comme une bulle de savon. Ce silence-là est propice au cheminement intérieur. Solitude et silence sont les deux écrins de la création.

7. Le chemin du pays où rien n'est impossible

Sur ce chemin, je ne me suis pas tant allégé qu'enrichi. J'ai reçu des réponses sans poser de questions. En effet, dans ce silence, qui est un dialogue permanent, on reçoit des réponses si l'on est à l'écoute. Mon épouse Noëlle m'avait incité à partir seul pour que je prête l'oreille à ce que je n'avais pas encore écouté à l'intérieur de moi. Et j'ai en effet découvert une grande vérité : la part de mystère qui entoure notre vie est aussi importante que ce que nous en connaissons.

8. La ligne de vie

La ligne de vie qui strie notre main, c'est le destin qui s'écrit. Pour ma part, c'est comme si le chemin s'était inscrit dans ma main. C'est un morceau de ma vie qui m'a accompagné – et qui m'accompagne toujours.

9. À mi-chemin de l'existence

J'ai effectué ce voyage à 55 ans, donc à mi-route de mon chemin de vie. Mais au lieu d'y dresser un bilan du passé, j'ai regardé vers l'avenir. Désormais, ce chemin donne un véritable prix à certains gestes quotidiens. Par exemple, alors que Noëlle s'occupait autrefois de l'administratif, je le fais désormais avec elle ; c'est ainsi un moment partagé. Par ailleurs, ma vie s'organise autour des priorités. Et lorsque je traverse une épreuve, je prends du recul. Comme l'aéronaute qui, lorsqu'il est en difficulté, s'élève en altitude. C'est à cette condition que l'épreuve est féconde. De même, lorsque je suis accaparé par des activités fébriles et par une vie stressante, je me ménage un temps de silence. Après avoir été chahuté dans le tumulte, l'esprit doit décanter. Comme l'eau qui, dans la tempête, se trouble, puis redevient transparente.

10. Avoir et être

Paradoxalement, ces deux verbes sont à la fois ennemis et inséparables, alors qu'on les oppose souvent sur le chemin. Être, ce n'est pas uniquement l'expression de la spiritualité ; c'est aussi la base de l'ego. Avoir ne désigne pas seulement une action de possession ou de dépendance ; c'est aussi une façon de conquérir ou de s'approprier des choses qui nous sont légitimes. Sans doute la sagesse réside-t-elle dans un juste équilibre.

11. Le soleil sur l'agenda

En peu de jours, j'ai connu tous les temps. J'ai marché sous une pluie battante et sous un soleil de plomb. J'ai vu toutes les lumières. C'est cette diversité qui nous fait avancer.

12. Mélancolie

J'ai aussi cheminé pour ceux que j'aime. Quand on marche, l'esprit n'est jamais vide. Si on lui laisse la parole, il la prend. Il remplit l'absence. Notre pensée va alors vers les gens qui ne sont plus là et vers ceux qui sont en nous. Ceux qui se cachent sous nos paupières, quand nous fermons les yeux.

13. Le cours du temps

Le chemin, dans sa linéarité, symbolise la cohorte des humains qui nous ont précédés. Chaque pèlerin est un grain de sable, une poussière, un morceau de chemin. Un être parmi les milliards d'êtres, un pas dans l'éternité.

14. Fr(agile)

En marchant seul sur ce chemin, je n'ai pas éprouvé ma fragilité comme un défaut mais comme une ressource précieuse. Car j'étais seul mais relié. La crise que nous traversons nous l'a prouvé : un virus microscopique a obligé l'humanité à se taire et à écouter pour se redécouvrir. L'humanité forme une chaîne indestructible de fragilités qui, lorsqu'elle agit ensemble, est plus forte.

15. La tendre image du bonheur

Comme je devais écrire un article à mon retour, j'avais prévu de prendre des notes en chemin. Un jour, je sors mon carnet et mon stylo. Le stylo s'était ouvert dans mon sac et, en tentant de remettre la cartouche, il s'est cassé. J'ai pris cela comme un signe. Je l'ai remis dans ma poche. C'est alors qu'au détour du chemin, une jeune fille à vélo est apparue avec une centaine de chèvres. Ce fut une vision incroyable, que je n'aurais pas eue si j'avais rivé les yeux sur mon carnet.

16. Prendre un enfant par la main

Le chemin est certes un bon éducateur pour les enfants et les adolescents en quête de repères. Il nécessite cependant une certaine maturité. Je pense qu'un enfant qui effectue le chemin en retirera un enseignement à retardement. Comme à la lecture du *Petit Prince* !

17. Le labyrinthe

Le chemin de Saint-Jacques est parfois comparé à un labyrinthe. Or, ce chemin n'est pas fait pour que l'on se perde, mais pour que l'on se trouve. Son but n'est pas de piéger le pèlerin, de l'emprisonner avec, en arrière-plan, le minotaure qui le guette pour le manger. Ce chemin de pèlerinage est semé de bienveillance.

18. Tisserand

Le chemin se découvre pas à pas, patiemment. Le marcheur y évolue comme un joueur d'échecs à qui on donne un jeu pour qu'il compose la suite. Il y a, dans ce cheminement, un mélange d'inattendu et de volonté, une part de liberté et une part de contrainte. Une part du chemin vous emmène, l'autre reste à défricher.

Cette marche est un reflet de l'existence : on tisse sa vie comme on fait son chemin. On doit en tisser la trame et, avec la chaîne, imaginer le dessin. Cette trame existait avant nous, mais nous avons le choix d'y tracer le chemin que nous voulons. Là où il y a une volonté, il y a un chemin.

19. Qu'y a-t-il après ?

Au terme de ma route, à Saint-Jean-Pied-de-Port, je suis entré dans l'église de Notre-Dame-du-Bout-du-Pont. Là, j'ai brûlé un cierge devant une statue de la Vierge Marie. Une grande émotion m'a alors envahi. J'ai senti que durant ce pèlerinage, j'avais été entouré de lumière. Depuis mon retour, je me sens protégé. C'est comme si j'avais acquis une forme de conscience de certaines choses qui ne sont pas audibles ni sensibles habituellement. Comme si j'avais vu quelque chose que je ne peux plus ne pas voir. Vers ce chemin monte ma gratitude.

20. Si j'étais ton chemin

J'ai composé la chanson *Si j'étais ton chemin*, qui évoque le chemin de Saint-Jacques, pour mon petit-fils, Toussaint, en 2008. Lorsque Jean Hitte Seillant – cet ami qui m'avait prêté son bourdon et accueilli à Saint-Jean-Pied-de-Port – est subitement décédé à l'âge de 72 ans, je suis venu lui témoigner mon amitié en chantant cette chanson à son enterrement à l'église Saint-Pierre d'Orthez, et en l'accompagnant à la guitare.

Je suis heureux qu'une phrase de ce texte figure sur le Banc du pèlerin, qui a été inauguré le 18 mai 2014 à la Cité de la Villette, à Paris, par l'association Compostelle 2000 : « À tous ceux dont l'histoire t'a mené jusque-là / Et pour ceux qui suivront la trace de tes pas. » Sur une autre plaque, apposée au pied de l'Arbre du pèlerin (un tilleul), figure cette phrase de Christian Bobin : « Deux biens sont pour nous aussi précieux que l'eau et la lumière pour les arbres : la solitude et les échanges. » Ce compagnonnage me ravit également, car cet écrivain m'a souvent inspiré.

Pour conclure cet hommage, je dédie à tous les pèlerins un extrait de cette chanson :

> Si j'étais ton chemin, si j'étais ton chemin
> Je construirais des ponts, des tunnels, des ouvrages
> J'ouvrirais des sentiers partout sur ton passage
> Pour que tu puisses aussi t'écarter quelquefois
> Des pistes balisées qu'on a tracées pour toi
> Je t'apprendrais les mots pour soigner les blessures
> Les signes éparpillés le long de l'aventure
> Pour te montrer le Nord quand tu te crois perdu

Les silences attendris de ceux qui ne sont plus
Mais qui tiendraient ta main, si j'étais ton chemin

Yves Duteil a commencé l'apprentissage du piano avant de découvrir la guitare à l'adolescence. Après le bac, il a intégré le Petit Conservatoire de Mireille. Il a sorti son premier 45 tours en 1972 avec la chanson *Virages*. En 1976, pour son album *J'attends*, il a reçu le prix « Jeune Chanson » du Haut Comité de la langue française.

En 1981, son épouse Noëlle et lui ont fondé les Éditions de l'Écritoire, devenant ainsi leur propre producteur. En 1988, *Prendre un enfant* fut élue « plus belle chanson française du xxe siècle », en tête d'un sondage organisé par la SACEM, RTL et Canal+. Cette même année, *La langue de chez nous* a reçu l'Oscar de la Chanson française décerné par l'UNAC. En 1989, Yves Duteil est devenu maire sans étiquette de la commune de Précy-sur-Marne et a reçu en 1992 une Marianne d'Or. Il s'est illustré en 1992 en signant *La fleur de l'impossible*, chanson choisie par le Comité olympique pour les Jeux d'Hiver d'Albertville.

Yves Duteil parraine de nombreuses associations, comme Petits Princes, Votre école chez vous, Vaincre la mucoviscidose. En 2009, il a créé avec sa femme Noëlle l'école APRES School à Pondichéry (Inde) pour accueillir les enfants des castes les plus défavorisées et leur offrir un nouvel avenir. Pour sa campagne 2020, Handicap International a choisi Yves Duteil comme ambassadeur avec, pour la première fois, *Prendre un enfant* en illustration d'une campagne associative.

Il est aussi l'auteur de quatre livres : *Profondeur de chant* (avec Alain Wodrascka, Éditions l'Archipel, Paris, 1981), *Les choses qu'on ne dit pas* (Éditions de l'Archipel, Paris, 2006), *La petite musique du silence* (Médiaspaul, Paris, 2014), *Et si la clé était ailleurs ?* (Médiaspaul, Paris, 2017).

8

¡ *Buen Camino, peregrino !*

Anne Etchegoyen

Ressentant depuis son enfance l'appel du chemin, Anne Etchegoyen, chanteuse basque, a relié en 2015 sa maison natale de Saint-Palais à Saint-Jacques-de-Compostelle. Elle y a puisé l'inspiration pour écrire et composer une douzaine de chansons, dont elle a fait un disque. Sa quête spirituelle est en effet indissociable de son travail musical. C'est cette alchimie qu'elle évoque ici avec simplicité et sincérité.

ORIGINAIRE de Saint-Palais, dans le Pays basque intérieur, j'ai vu des pèlerins traverser ce village durant toute mon enfance. Ainsi, ce chemin était enfoui en moi depuis bien longtemps. Deux circonstances m'ont poussée au départ : une rupture sentimentale, qui m'a incitée à prendre le large ; puis le décès de ma grand-mère paternelle, Annie, dont j'étais très proche. J'ai alors pu constater à quel point, dans ces moments-là, il est salutaire de croire et se rattacher à une force supérieure divine.

Le 21 septembre 2015, j'ai donc pris la route à Saint-Palais, de ma maison familiale, selon la promesse que j'avais faite à ma grand-mère. J'avais 38 ans. Je suis partie seule, ma *mochila* sur le dos, pour me retrouver. Et aussi pour puiser l'inspiration d'un nouveau projet musical, dédié à ce chemin.

Mon quotidien fut comparable à celui des autres pèlerins : en parcourant en moyenne 20 kilomètres (mon record étant de 42 kilomètres), je suis arrivée le 21 octobre à Saint-Jacques-de-Compostelle. Je pourrais ainsi résumer ce mois de marche : des rencontres, des églises, des chapelles, des ampoules, de la fatigue, de la pluie, du soleil, des paysages, des repas, des étapes avec pour seuls guides ma forme et mon livre pratique. Et des heures de vagabondage introspectif ! Chaque jour, je foulais un chemin que d'autres avaient foulé avant moi ; et chaque jour, je me demandais : « Serai-je une autre, une fois le chemin terminé ? » Mais au fil des étapes, les phrases que je voyais écrites sur les murs ou sur les livres d'or – « Le chemin commence après », « Compostelle n'est que le début du chemin » – n'apportaient pas de réponse à ma question.

J'avoue qu'aujourd'hui, avec le recul du temps, je n'en ai pas davantage, si ce n'est qu'il y a un « avant » et un « après » Compostelle. C'est une expérience qui marque toute une vie. Mais pour ma part, en tant qu'artiste, une telle expérience a également eu une incidence sur mon travail musical.

Un an et demi après, j'ai eu le bonheur de lancer le disque *Compostelle. Du Pays basque à Saint-Jacques* à l'Olympia, devant près de mille cinq cents spectateurs qui scandaient en chœur : « *¡ Buen Camino, amigo peregrino !* » Tout au long de cette aventure, j'ai en effet entendu tant de fois ce salut jacquaire qu'une chanson du disque s'appelle ainsi. J'y évoque les kilomètres, les repas, les prières que j'ai partagés avec mes compagnons de marche. Car les chemins de Saint-Jacques sont un véritable vecteur de fraternité – un réseau social réel en somme ! En chantant cette chanson, je me suis sentie transportée sur le chemin, auprès de ces amis de quelques minutes ou de quelques jours.

Pascal, tout d'abord, que j'ai croisé juste avant mon arrivée à Compostelle. Il avait quitté sa maison plus de deux ans auparavant, après avoir perdu femme et enfant dans un accident. Il était allé jusqu'à Fatima et revenait chez lui à pied.

J'ai aussi pensé à Jacques, avec qui j'ai partagé plusieurs jours de marche. Un an plus tôt, il était parti de La Rochelle avec son âne mais, ayant du mal à trouver des hébergements pour son compagnon, il avait dû le ramener. Le temps de l'aller-retour, il avait raté quelques étapes que le groupe de marcheurs avec qui il avait sympathisé avait effectuées sans lui. Ce sont donc ses étapes « manquantes » que j'ai parcourues avec lui l'année suivante. Il me souffla une bonne idée : la veille de mon arrivée à Saint-Jacques-de-Compostelle, s'arrêter 5 kilomètres avant ; puis, le lendemain, faire la dernière étape de nuit, à la lampe frontale, de manière à parvenir un peu avant 8 heures devant la cathédrale, et profiter pleinement de ce moment sacré.

J'ai également eu un souvenir ému pour deux sœurs retraitées, qui participaient à un pèlerinage organisé par une agence spécialisée. L'une d'elles, de 73 ans, avait perdu son appareil auditif la veille du jour où nous avons dormi dans la même auberge.

Enfin, pour Victor, de Valencia, avec qui j'ai partagé une dizaine de jours de marche, dont l'arrivée. Il a aujourd'hui ouvert une *albergue* chez lui.

Durant cette soirée à l'Olympia, j'ai également chanté d'autres chansons, majoritairement en basque, mais aussi en français et espagnol, évoquant quelques états par lesquels je suis passée durant ce pèlerinage. Toutes les impressions qui avaient nourri ce répertoire me sont alors revenues en mémoire.

L'église de Saint-Palais, située à quelques mètres de mon lieu de départ, où nous venions de faire nos adieux à ma grand-mère paternelle.

La rosée, ce matin frais du 23 septembre au départ de Roncevaux.

La chapelle de Zabaldika, non loin de Pampelune, où j'ai vécu un rare moment de plénitude.

Le tintement des cloches de Saint-Jacques-de-Compostelle et des autres églises, battements de cœur des villages tout au long du chemin.

Le son des *txalaparta* (percussions traditionnelles) qui ont résonné en moi près de la Cruz de ferro ou sur les hauteurs du Cebreiro, et que j'ai utilisées dans plusieurs de ces chansons.

La voix si pure, presque angélique, des enfants du chœur de l'Ikastola Paz de Ziganda (école d'enseignement immersif de la langue basque), que j'ai rencontrés à quelques mètres du *Camino francés*, à l'entrée de Pampelune. Ils ont renforcé ma foi en l'avenir en général, mais aussi en celui de la langue basque.

À Saint-Jacques-de-Compostelle, gagnée par l'énergie du chemin, j'ai décidé de poursuivre jusqu'à Fisterra. Heureuse de revoir l'eau et de sentir le vent, je me suis assise sur un rocher et j'ai savouré ces instants. Au bord de la mer, au bout du continent, j'ai également chanté avec mon guitariste, Jérôme Levatois, qui m'avait rejoint, et un ami auteur-compositeur, Patxi Garat.

C'est là que j'ai compris que cette dernière étape ne marquait pas la fin du voyage, mais son commencement. Et que si le chemin est à tous, chacun y fait le sien !

Dès l'âge de 8 ans, Anne Etchegoyen a chanté dans une chorale, à Saint-Palais. Elle a ensuite étudié à l'école de musique de Bayonne, puis au conservatoire de Bordeaux. Après des concours de chant basque, des concerts et une participation à une comédie musicale, elle a effectué une tournée avec un chœur célèbre d'hommes basques, Oldarra. En 2003, elle a été choisie pour chanter l'hymne national français lors de la cérémonie d'ouverture des championnats d'athlétisme au Stade de France.
Attachée à ses origines, elle décida de poursuivre son exploration de ce patrimoine vivace de la culture basque, le chant. En 2005, elle participa à la production d'un album avec le chœur Aizkoa, *Les voix célestes du Pays basque chantent Noël*. En 2008 et 2010, elle a produit deux albums solos, *Pachamama* et *Adelante*. En 2013, un quatrième album à nouveau produit avec le chœur Aizkoa, *Les voix basques*, a été « Disque d'or ». Il fut suivi, en 2014, de l'album *Les voix basques Berriz*. En 2017, Anne Etchegoyen remporta un franc succès avec le disque inspiré de son pèlerinage, *Compostelle. Du Pays basque à Saint-Jacques*. En 2020, elle a sorti un nouvel album dédié à la femme, *Emazte*, dans lequel elle évoque des thèmes tels que la maternité, l'amour, la lutte, mais aussi des sujets tristement actuels tels que les violences faites aux femmes.
La chanteuse effectue régulièrement des tournées en France, en Grande-Bretagne, en Irlande, en Espagne, aux États-Unis et en Argentine.

9

De la petite à la grande histoire

Philippe Fenwick

Philippe Fenwick a effectué le chemin de Saint-Jacques de Vézelay à Roncevaux en 1998, dans le cadre de la tournée d'un spectacle mis en scène par Pierre Debauche, fondateur du Théâtre des Amandiers à Nanterre. Passionné par les petites histoires qui forgent « la grande », il a imaginé ces scènes très loufoques pour évoquer la création du pèlerinage. Il recommande aux historiens de s'asseoir pour lire ce qui suit afin d'éviter la syncope !

Scène 1
44 ap. J.-C., dans le royaume de Judée

Jacques de Zébédée vient d'être décapité par le roi Hérode. Les disciples du futur saint se retrouvent dans un lieu tenu secret.

Disciple 2 – Bon, alors, on fait quoi maintenant ?
Nouveau disciple – Avant toute chose, nous devons lui offrir une sépulture.
Disciple 1 – Mais où ? Quelqu'un a une idée ?
Disciple 3 – Je vous rappelle qu'en tant que disciples de Jacques, nous sommes dans la clandestinité et pourchassés par les soldats d'Hérode.
Disciple 1 – Il s'agit alors d'être discrets.

Disciple 2 – De toute façon, on n'allait pas se lancer dans un enterrement à la Johnny !
Disciple 1 – Il faudrait trouver, pour l'enterrer, un lieu symbolique et pas trop exposé.
Disciple 2 – Pourquoi pas en Espagne ?
Disciple 1 – En Espagne ?
Disciple 2 – Oui, c'est là qu'il a le plus cartonné au niveau conversions.
Disciple 1 – Très drôle !
Nouveau disciple – Pourquoi ?
Disciple 3 – Parce qu'il n'a réussi à évangéliser personne.
Disciple 2 – Ah non, tu exagères, il a eu beaucoup de succès auprès d'un chien.
Disciple 1 – Pfff…
Disciple 2 – Bon, c'est vrai que la pauvre bête n'avait rien avalé depuis des jours quand Jacques l'a trouvé, mais quand même…
Disciple 1 – OK pour l'Espagne, allons-y !
Disciple 3 – Il nous faudrait un bateau, c'est pas tout près, la Galice.
Disciple 1 – T'as raison, mais on n'a pas un rond pour s'en payer un.
Disciple 2 – Pas faux.
Disciple 1 – On n'a qu'à se le fabriquer.
Disciple 2 – Pour une telle traversée, il faut qu'il soit sacrément solide.
Disciple 1 – On va le construire en pierre.
Disciple 2 – En pierre ?
Disciple 1 – Comme ça, il résistera mieux aux tempêtes.
Disciple 2 ***(circonspect)*** – Ah oui d'accord… Mais pour le chemin, comment s'orienter ?

Disciple 1 – Je vais prévenir un ange, il nous guidera.
Disciple 2 – J'aurais quand même préféré Google Maps.
Disciple 3 – Mécréant…
Disciple 2 – Je rigole ! Comme le dit une amie bretonne : « La pierre et la plume, c'est la plus belle des alliances. »

Scène 2
Environ 780 ans plus tard, en Galice

(La scène est à l'origine en langue espagnole.)

Le secrétaire – Allô, secrétariat de Théodomir, bonjour !
Pelage – Oui, bonjour, pourrais-je parler à Monseigneur ?
Le secrétaire – Qui dois-je annoncer ?
Pelage – Pelage.
Le secrétaire – Encore toi ! Tu t'ennuies ou quoi ? Tu n'as pas de boulot, pas d'amis ?
Pelage – Je suis ermite.
Le secrétaire – Ah, d'accord ! Et à temps plein ?
Pelage – Oui.
Le secrétaire ***(compréhensif)*** – Dans ce cas, je comprends. Alors dis-moi, c'est à quel sujet, cette fois ?
Pelage – Je crois qu'il y a saint Jacques dans le bois où je crèche.
Le secrétaire – Pardon ???
Pelage – Oui, saint Jacques, le frère aîné de saint Jean l'évangéliste. Jacques, fils du tonnerre !
Le secrétaire – Merci je connais, il y a aussi un « fils du tonnerre » dans les *Avengers*.

Pelage – Dans les quoi ?
Le secrétaire – Mais tu vis dans une grotte ?
Pelage – Oui.
Le secrétaire – J'oubliais que j'avais affaire à un Pierrafeu !
Pelage ***(maugréant)*** – Très drôle…
Le secrétaire – Pour en revenir à saint Jacques, qu'est-ce qui te fait dire qu'il se trouve dans tes broussailles ?
Pelage – Une pluie d'étoiles m'a réveillé cette nuit pour me l'annoncer.
Le secrétaire ***(moqueur)*** – Ah ouais… Une pluie d'étoiles, cool, rien que ça ?
Pelage – Exactement.
Le secrétaire – Développe un peu, parce que là c'est un peu *light* pour déranger le boss.
Pelage – Les astres se sont ensuite rassemblés pour finir par changer de couleur plusieurs fois au-dessus d'un buisson.
Le secrétaire – Tu veux dire avec des effets « strobo », dans le genre fêtes foraines ?
Pelage – Quelque chose comme ça.
Le secrétaire – Tu ne t'étais pas pris une caisse avec ton eau-de-vie d'ortie, par hasard ?
Pelage – Non.
Le secrétaire – Ou mangé un mauvais champi ?
Pelage – Non plus.
Le secrétaire – Bon, OK, dans le doute je vais voir si je peux te passer Monseigneur.
Pelage – Vous pouvez lui dire de me rappeler, je suis dans une cabine et n'ai bientôt plus de monnaie. *(À cette époque-là, le téléphone portable n'existait pas.)*
Le secrétaire – OK, c'est quoi ton numéro ?

Pelage – Le 2. *(L'Espagne n'était alors dotée que de deux cabines téléphoniques dont une près du bois où vivait Pelage – hasard ou présage ?)*
Le secrétaire – C'est noté, Théodomir termine sa séance de yoga et te rappelle.
Pelage – Entendu.

30 minutes plus tard. Le téléphone de la cabine sonne.

Pelage – Allô, Pelage au combiné.
Théodomir – C'est « ton seigneur » à l'appareil.
Pelage – Monseigneur, comme je suis heureux de vous entendre !
Théodomir – Qu'as-tu inventé cette fois-ci pour recevoir de la visite ? Saint Jacques dans ton jardin ? C'est ce que tu as trouvé aujourd'hui pour que je vienne boire un coup dans ta cahute ? C'est un peu énorme !
Pelage – Je t'assure, Monseigneur !
Théodomir – Comment sais-tu qu'il s'agit de saint Jacques ?
Pelage – Eh bien, après avoir changé plusieurs fois de couleurs, les étoiles se sont placées dans le ciel de telle sorte que l'on puisse voir écrit « Saint Jacques », avec en dessous une flèche qui clignotait en désignant le buisson.
Théodomir – Une flèche qui clignotait, un peu comme celles que l'on voit aux abords des casinos à Las Vegas ?
Pelage – Exactement !
Théodomir ***(un peu sceptique)*** – Continue…
Pelage – Le lendemain matin, j'ai été louer une débroussailleuse chez Kiloutou, avec de l'argent mendié

dimanche à la sortie de la messe. J'ai enlevé les ronces et trouvé en dessous un tumulus d'époque romaine.
Théodomir – Et après ?
Pelage – J'ai creusé et vu des os.
Théodomir – Et une tête ? T'en as vu une, Pelage ?
Pelage – Non.
Théodomir – C'est ennuyeux.
Pelage – Oui, car si c'est bien saint Jacques, il ne va pas être simple à identifier.
Théodomir – De toute façon il est mort il y a près de 800 ans, il a dû un peu changer.
Pelage – Je pense bien, Monseigneur.
Théodomir – Bon, j'appelle Alphonse et lui demande de construire une église dès ce soir pour marquer le territoire.
Pelage – Alphonse ?
Théodomir – Notre nouveau roi. Tu ne lis pas la presse ?
Pelage – Juste *Le Pèlerin* une fois tous les deux ans, lorsque je vais chez le coiffeur. Es-tu certain, Monseigneur, que tu ne veux pas venir vérifier si c'est réellement Jacques de Zébédée avant d'appeler le roi ?
Théodomir – Je te fais confiance, Pelage, car tout ce que tu m'as dit me semble très crédible.
Pelage ***(étonné)*** – Ah bon ? Pourtant, c'est quand même un peu…
Théodomir – Écoute, avec tous ces Maures dans le pays, on a besoin de symboles forts pour prouver à l'Europe entière qu'on est toujours bien présent chez nous ; il serait enfin temps qu'on récupère notre territoire qui se réduit, de jour en jour, comme une peau de chagrin. À plus tard, mon ami !

Scène 3
126 ans plus tard, au Puy-en-Velay

(À noter que Godescalc, évêque du Puy, a 30 ans à l'époque et le pape, Agapet II, 42, ce qui peut expliquer la manière dont ils s'expriment.)

Le téléphone sonne, Godescalc décroche.

Alexandre – Allô, Godescalc ? C'est Alexandre II à l'appareil.
Godescalc ***(amusé)*** – Allez, Nectaire, arrête ton char, t'imites bien le Saint-Père mais je t'ai reconnu !
Alexandre – Comment ???
Godescalc – Je cherchais à te joindre. J'organise une fondue samedi soir avec Moret, Agur, Albray et Marcellin, ça te dit de venir ? Ce ne sont pas des saints mais on passe de super soirées !
Alexandre – Bon, écoute, Godes, je n'ai pas beaucoup de temps, là !
Godescalc – « Godes » ? Mais alors c'est réellement vous, Très Saint-Père ! Il n'y a que vous qui osez m'appeler par ce petit nom. Pardon, Votre Sainteté, de vous avoir pris pour un autre !
Alexandre – La prochaine fois, je te contacterai par Skype.
Godescalc – Que me vaut un tel honneur ?
Alexandre – T'as lu ma dernière bulle ?
Godescalc – Laquelle ?
Alexandre – *Eos qui in Ispaniam.*
Godescalc – Non, je ne l'ai pas encore téléchargée.
Alexandre – Tant mieux, car je dois la mettre à jour, j'ai laissé une ou deux coquilles.

Godescalc – Quel en est le sujet ?
Alexandre – Saint Jacques !
Godescalc – L'apôtre du Christ ?
Alexandre – Oui, on a retrouvé sa dépouille.
Godescalc – Je sais, il y a plus d'un siècle, c'était pas hier.
Alexandre – Exact, mais depuis les Maures ont tout rasé dans la région des Asturies avant de repartir pour Cordoue. Par respect, ils ont laissé les reliques de saint Jacques intactes et au même endroit. Il est donc temps aujourd'hui, pour nous, d'aller délivrer le tombeau du fils de Zébédée !
Godescalc – Mais il n'est plus prisonnier, puisque les Maures sont aujourd'hui beaucoup plus au sud...
Alexandre – Ils vont sans doute revenir, et puis après la tôle qu'on a prise récemment à Jérusalem, ce serait bien que l'Occident chrétien décroche une victoire à domicile.
Godescalc – C'est juste.
Alexandre – J'ai donc pensé à toi pour inventer un grand événement afin de lancer l'opération.
Godescalc – T'es sérieux, là ??? *(Expression très usitée par les jeunes à cette époque.)*
Alexandre – Oui, très !
Godescalc – Pardon, Votre Sainteté, mais je suis très surpris. Vous avez vraiment pensé à moi ?
Alexandre – Oui, car depuis ta nomination au Puy, j'ai l'impression que t'as un peu le bourdon.
Godescalc – C'est vrai, je suis souvent en mode déprime car je manque d'activités. Ça roule tout seul ici, les Ponots sont méga-pratiquants et j'ai plus de 120 % de remplissage à la grand-messe du dimanche.

Alexandre J'aimerais donc que tu m'inventes un spectacle de rue déambulatoire jusqu'à Compostelle. J'ai déjà le titre : *Reconquista*. Ça va faire un carton, et puis, le temps qu'on récupère nos territoires dans le nord de l'Espagne, ça devrait tourner environ cinq cents ans.

Godescalc – Cinq cents ans ! Jusqu'en 1492 ?

Alexandre – Exact.

Godescalc – « C'est l'Amérique », votre Sainteté ! Comptez sur moi, on va faire une super création d'agit-prop ! Et pourquoi ne pas imaginer l'apparition, dans le ciel, de saint Jacques en Matamore ?

Alexandre – Hé ho, c'est pas le Puy-du-Fou non plus que je te demande !

Godescalc – Et puis, ça risque de coûter une blinde si on utilise un hologramme.

Alexandre – Pour l'argent, ne t'inquiète pas, on va vendre un ou deux Michel-Ange sur eBay et tu auras ce dont tu as besoin.

Godescalc – Il faut maintenant inventer un itinéraire pour se rendre au bout du Finisterre espagnol.

Alexandre – Il y avait autrefois un vieux pèlerinage celte dans le nord du pays, on devrait pouvoir le recycler ; il consistait à se rendre à la fin des terres du monde connu en suivant le chemin de la constellation.

Godescalc – La fameuse Voie lactée…

Alexandre – Si tu réussis ton coup, Godes, les chevaliers et les pèlerins français prendront cette route à ta suite ; on ouvrira alors des monastères et des hôpitaux pour les accueillir, ça va être énorme, une véritable autoroute de la foi !

Godescalc – Mettre en place une hostellerie gratuite est une très bonne idée, mais ne risque-t-il pas d'y avoir des abus ? Comment reconnaître les pèlerins des pique-assiettes ?
Alexandre – Les pèlerins auront l'obligation de se munir d'un passeport à faire tamponner dans chaque lieu et devront avoir, à leur retour, un coquillage à arborer.
Godescalc – Un coquillage ?
Alexandre – Oui, le *pecten maximus*, on en trouve à foison sur la plage et dans les restos là-bas.
Godescalc – Tout ça va connaître un grand succès, Très Saint-Père.
Alexandre – Oui et crois-moi, dans dix siècles on parlera encore du « chemin de Saint-Jacques ».
Godescalc – J'espère, car les modes passent assez vite.
Alexandre – Il ne s'agit pas d'une mode, Godescalc, mais d'un acte de foi ! N'es-tu pas déjà en route vers la Galice ?
Godescalc – Il me manque encore un lieu pour le départ car si on sait où le chemin arrive, on ne sait pas d'où il part.
Alexandre – Du seuil de chaque porte, Godescalc, et donc de la tienne…
Godescalc – Alors, *ultreia* !
Alexandre – *Ultreia* aussi !

Après avoir étudié au Conservatoire national de région à Toulouse, puis à l'École supérieure d'art dramatique d'Aquitaine, Philippe Fenwick s'est lancé dans la pratique du théâtre itinérant. Entre 1998 et 2006, il a parcouru 7 000 kilomètres à pied sur les routes de France en portant le théâtre de village en village, avec le Théâtre de l'Étreinte, qu'il dirigeait avec William Mesguich. Puis il a fondé, avec Marine Paris, la compagnie Zone d'Ombre et d'Utopie, avec laquelle il a mené en 2012 un projet de Brest (Finistère) à Vladivostok (Russie). Sur ces deux aventures, il a publié deux récits : *Un théâtre qui marche. Journal 1998-2008* (Actes Sud, Arles, 2010) et *Brest-Vladivostok* (Équateurs, Paris, 2021). Il a présidé le CITI (Centre national pour les théâtres itinérants) de 2008 à 2010. Il est par ailleurs l'auteur de plusieurs pièces de théâtre parmi lesquelles *Lumière d'Odessa*, mise en scène par Macha Makeïeff à La Criée, théâtre national de Marseille.

10

Marcher du lointain à l'ici

Sébastien de Fooz (Belgique)

C'est en 1998 que Sébastien de Fooz quitta sa ville natale, Gand, pour relier Saint-Jacques-de-Compostelle. Cette première longue marche allait être pour lui une pierre de fondation, ou plutôt de refondation de son existence. Car sur la route de l'apôtre, il allait devenir pèlerin... pour la vie ! Il nous offre ici les perles qu'il a collectées tout au long de la route. Des joyaux qui, comme les étapes, s'enchaînent les unes aux autres, pour constituer un véritable trésor dont le voyageur rend grâce chaque jour.

Faire de l'inconnu son allié

On part toujours en pèlerinage pour une certaine raison. Mais quelle que soit l'intention originelle, le pèlerin se soustrait à son environnement pour se rendre vers un autre – nouveau, celui-là, et généralement inconnu. C'est l'un des aspects exaltants du chemin. Partir vers la nouveauté pour trouver des réponses, parfois. Retrouver une part manquante, probablement. Faire de l'inconnu son plus fidèle allié, certainement.

Se rendre perméable à la grâce

Lorsque l'on part pour Saint-Jacques, on ne sait jamais où l'aventure nous mènera et on a tôt fait de comprendre qu'elle amorce toujours autre chose. Se mettre en chemin, c'est accepter que la façon dont on aborde notre réel sera chamboulée. Le pèlerinage nous rend perméable à la grâce. Et cette grâce nous révèle la face cachée d'une même réalité.

Briser sa carapace

Au fil des pas, le pèlerin se déleste de ses filtres, d'une certaine carapace. Ses résistances s'étiolent. Au fil des pas, il quitte l'ailleurs et se rapproche de l'instant. Or, plus nous effleurons l'instant de notre présence, plus cette densité subtile se complexifie. Dans ce voyage, l'espace et le temps prennent un autre visage.

Vivre dans un autre espace-temps

Le tandem espace-temps est souvent une contrainte dans une vie chargée. En pèlerinage, il devient, chemin faisant, un allié précieux. En vivant autrement le rapport à l'espace et en étant davantage conscient de ce qui nous touche lorsque nous posons un pas après l'autre, nous redonnons du sens à notre vie. En effet, la question du sens est intimement liée à la qualité de lien que nous entretenons avec notre environnement.

Intérioriser les paysages

Le pèlerin traverse des paysages variés, parfois peu habituels. Mais ce n'est pas la particularité de ces paysages qui laisse une empreinte durable, c'est ce que ceux-ci éveillent en nous.

Progresser dans l'horizontalité du paysage en traversant des pays et des régions différentes permet en effet de se laisser surprendre par ce que ces paysages suscitent en nous. Il y a une corrélation entre les paysages découverts et l'exploration de nos paysages intérieurs. Accueillir ce que l'environnement suscite en nous est une occasion de progresser en intériorité.

Laisser monter en soi des émotions subtiles

Je me souviens avec précision de l'émotion bien particulière qui m'a saisi lorsque j'ai emprunté les sentiers pittoresques de France et d'Espagne, lors de mon premier pèlerinage à Saint-Jacques-de-Compostelle. Au fur et à mesure de ma progression, je sentais mon rapport à mon environnement se modifier. Je n'étais plus uniquement un corps qui avançait lentement dans le paysage, je devenais partie intégrante du paysage ; et cela correspondait à des émotions particulières qui surgissaient à la vue de nouveaux environnements. Je traversais des gammes d'émotions restées jusque-là inconnues.

La vue des Pyrénées me fit goûter à des joies vertigineuses, et l'observation de ses paysages suscita en moi des émotions subtiles. Marcher dans des zones périurbaines des villes bordées de grandes surfaces m'invita à explorer l'ennui et à en déjouer le principe actif pour trouver de la paix dans des environnements qui n'en inspirent guère. Traverser le haut plateau de la Meseta, en Espagne, me sembla être une invitation à traverser des déserts intérieurs où se nichent des expériences de vie moins reluisantes, des erreurs de parcours, des faux pas… Tant d'expériences qu'on aurait voulu ne pas vivre mais qui nous poursuivent inconsciemment ! L'unicité de chaque environnement suscite l'unicité de chaque impression qui émerge lorsque nous le traversons. Pas à pas, en m'offrant de traverser des paysages intérieurs jusque-là insoupçonnés, le chemin devint psychanalyse.

Transformer l'émotion en prière

Le paysage devient prière lorsque nous accueillons avec affection ce qu'il suscite en nous. Il permet de nous relier à nos mouvements intérieurs et d'en accepter les raisons. La route, elle aussi, devient verticale lorsque surgit ce qui fait embûche et que nous progressons malgré tout en confiance. Sur ce croisement de l'horizontalité et de la verticalité, quelqu'un nous précède.

Accueillir les rencontres

Sur le chemin, on ne marche jamais seul. Et lorsque l'on rencontre un frère de route ou que l'on se fait accueillir, une joie émerge. De la joie véritable. On ne peut pas mimer cette joie-là, mais on la reconnaît. On perçoit un éclat dans le regard, la personne rayonne et nous irradie de sa présence. Lors de ces rencontres-là, on n'est pas ailleurs, on est là, présents, réunis dans notre humanité commune. Cette joie nous ouvre à la confiance.

Je me souviens notamment d'une expérience marquante à Blois, dans le département du Loir-et-Cher, une nuit tombante de fin d'octobre 1998. Je marchais dans les rues de cette ville, ne sachant pas où passer la nuit. Je croise alors un couple et leur demande s'ils peuvent m'indiquer un lieu où je pourrais dormir. Leur première réaction est fuyante. Puis quelque chose se passe. Nous sommes des inconnus, et pourtant, au bout de quelques instants, il y a un point de bascule. Une invitation impromptue tombe. Quelques instants plus tard, je suis assis à la table de leur salle à manger. Nous faisons connaissance. Nous passons une soirée entre amis. À la fin du repas, ils me remercient. Ils me remercient… alors que c'est moi qui suis l'invité ! Ils m'expliquent que cette rencontre a été pour eux une occasion de dépasser leurs résistances face à l'inconnu.

Le lendemain matin, lorsque je me lève, ils sont déjà partis travailler. Ils m'ont laissé seul dans leur maison. Sur la table du petit déjeuner, à côté du pot de confiture, un petit mot m'est adressé : « Nous sommes partis travailler. On ne voulait pas te réveiller. Prends-toi un bon petit déjeuner. Il y a aussi de quoi faire un casse-croûte. En contrepartie, pourrais-tu marcher pour nous, pour que nous puissions avoir un bébé ? Merci, et bon voyage ! »

Marcher pour les autres

Marcher pour autrui permet de se décentrer de soi. C'est accepter de se laisser polir par l'inattendu. Le chemin emprunté par le pèlerin et les rencontres qu'il y fait produisent le même effet sur lui que le travail du sculpteur sur la matière première. Lentement, en respectant la structure de la matière – les résistances, les nœuds, les tendances, les inclinaisons –, le sculpteur taillant la pierre dégage le superflu, fractionne les scories et laisse émerger lentement la sculpture dans son état brut. Il la devine, la polit et la chérit déjà, à mesure qu'elle se dégage. Le résultat final est la conjonction d'une rencontre entre le sculpteur et la matière.

Il en va de même dans le pèlerinage. Au fur et à mesure que les scories tombent, que chaque rencontre nous désarme un peu plus, nos dernières résistances s'effritent. Nous devenons espace d'accueil d'un hôte invisible.

*

Voilà les quelques perles recueillies sur le chemin de Saint-Jacques, et que je suis heureux de partager, chaque fois que l'occasion m'en est donnée. Mais toutes ces perles ne sont rien sans cette dernière, qui couronne ce trésor. Il m'a été donné de comprendre que plus le pèlerinage progresse, plus on se rend compte que le chemin le plus long n'est pas celui vers Saint-Jacques. Le chemin le plus long est celui qui conduit de la tête au cœur. Et sur ce chemin-là non plus, nous ne sommes jamais longtemps seuls !

Sébastien de Fooz est aumônier laïc à l'hôpital Saint-Jean, à Bruxelles, ainsi qu'auteur et conférencier. Après avoir marché depuis sa ville natale de Gand, en Belgique, jusqu'à Saint-Jacques-de-Compostelle (1998) et jusqu'à Rome (2000), il a suivi en 2005 les chemins vers Jérusalem. Un pèlerinage qu'il a relaté dans le livre *À pied à Jérusalem. 184 jours, 184 visages* (Éditions Racine, Bruxelles, 2007). Quinze ans plus tard, il a repris son bâton de marche pour voyager dans la ville où il vit : Bruxelles. Une marche d'un mois pour répondre à la question : comment trouver du sens dans notre vie routinière ? Le pèlerin a synthétisé cette expérience dans l'ouvrage qui relate cette étonnante marche de proximité : *Partir chez soi. Changer de regard, s'ouvrir à l'inattendu* (Éditions Racine, Bruxelles, 2019).

Suite à ces marches au long cours et fort de sa solide formation – après une maîtrise en sciences sociales, il s'est formé à l'analyse de crise, au management des risques et à la gestion du stress et de l'agressivité –, Sébastien de Fooz a organisé des marches sur les sentiers européens pour promouvoir le dialogue interculturel (Jorsala) et des marches nocturnes en forêt pour des personnes en situation de stress. Il anime aussi des ateliers sur le thème de la confiance et de l'inspiration, ainsi que des ateliers sur le changement de regard pour contribuer à rendre le déplacement urbain plus serein.

11

L'évangile selon saint Jacques

Mgr Emmanuel Gobilliard

Emmanuel Gobilliard a effectué le chemin de Saint-Jacques en 1991. Recteur de la cathédrale du Puy-en-Velay pendant dix ans, il a béni un grand nombre de pèlerins au commencement de leur pèlerinage. Il a beaucoup échangé avec eux, à ce moment si émouvant du départ. C'est pourquoi il a imaginé cette scène où saint Jacques s'adresse à ceux qui se lancent sur ses traces… Enfin, pas tout à fait, comme nous allons le lire !

Chers amis pèlerins,

Tout ce qui a été consigné par Matthieu, Marc, Luc et Jean est vrai, mais je peux vous assurer qu'il s'est passé beaucoup plus de choses que ce que vous lirez dans ces écrits. L'essentiel y est, mais l'Évangile, vous le lisez en combien de temps ? Trois heures ? Alors, n'imaginez pas que vous savez tout…

Si vous saviez à quel point je vous ressemble, vous en seriez tout étonné ! Je ne suis pas cet homme puissant au regard décidé et au pas ferme devant lequel vous déposez en tremblant un lumignon, pour que je vous protège ou vous exauce. Écoutez plutôt. Les événements dont je vais vous parler courent sur trois années, qui furent d'une incroyable densité.

Je ne me reconnais pas toujours dans ce qui est dit de moi. D'ailleurs, même mon frère Jean, à l'époque, ne connaissait pas vraiment mes intentions. Je savais donner le change. Prenez, par exemple, cet épisode au bord du lac ! Simon était en train de discuter avec un inconnu, très sympathique au demeurant. Il était subjugué, lui posait une tonne de questions, était ébloui par sa simplicité et sa bonté. Il avait l'impression d'être quelqu'un, lui, le pauvre pêcheur du lac. Pour Jean, c'était pareil. Tous les deux, ils étaient prêts à tout quitter, à partir avec lui. Nous, avec André, nous étions un peu plus mitigés, méfiants même. Quant à mon père, n'en parlons pas ! Il voyait cette lubie de Jean d'un très mauvais œil. C'est lui, en fait, qui m'a poussé à partir, « pour surveiller le gamin », disait-il ! Je ne le regrette pas, parce que nous avons vraiment vécu des aventures incroyables.

Pour vous situer le contexte, il faut que je vous dise que Pierre était mon meilleur ami. Nous avions plus ou moins le même âge et le même caractère un peu rugueux. Un petit côté fanfaron et le désir d'en mettre plein la vue à tout le monde. Le leader, c'était lui, sans aucun doute. Il agissait d'abord, et il pensait ensuite. De mon côté, je cachais, derrière un caractère bien trempé, un petit manque de confiance en moi. Jean, c'était l'inverse. Derrière sa douceur extérieure et son visage d'ange, il cachait une force intérieure redoutable. Ce n'est pas étonnant qu'il ait été le seul à avoir eu le courage de suivre Jésus, même dans son échec, dans son humiliation, dans le scandale de sa passion et de sa mort. Il était prêt à perdre sa réputation au nom de la fidélité et de la vérité !

Avec Simon, nous avions un autre « meilleur ami » : Lazare. Fils de bonne famille, il n'était pas du même milieu que nous. Je pense qu'il était content de sortir un peu de ce milieu, et de venir de temps en temps à la pêche avec nous. Sa sœur, Marie, n'avait d'yeux que pour mon frère. Ils étaient même presque fiancés lorsqu'elle a appris que Jean avait décidé de partir sur les routes pour « suivre un illuminé ». Elle savait qu'elle était en train de le perdre. Profondément meurtrie, elle a multiplié les aventures, probablement pour le rendre jaloux. Et puis, un jour, elle a décidé de séduire ce Jésus qu'elle considérait comme un gourou.

Je me souviens : Jésus avait voulu rencontrer un autre Simon, gravement malade, et lui faire honneur en demandant qu'un bon repas soit organisé et que ses amis soient là pour le soutenir. Marie est venue, avec Marthe et Lazare. Elle était d'une stupéfiante beauté, habillée comme une princesse. Elle voulait montrer à Jean que Jésus était un homme comme les autres, qu'il tomberait comme les autres, succombant à ses charmes. Mais c'est elle qui est tombée ! Elle a perdu tout son aplomb lorsque Jésus lui a parlé. Plus tard, elle nous a raconté à quel point elle s'était sentie aimée, respectée. Les autres la jugeaient, mais Jésus, lui, voulait seulement qu'elle soit heureuse. À partir de ce jour, elle est redevenue elle-même ! Elle a retrouvé sa joie et ne pensait même plus à séduire Jean. Elle voulait écouter ce Jésus qui donnait un sens à sa vie, et le suivre. Par la suite, elle s'est révélée courageuse. Lorsqu'elle est venue au cénacle, après la mort de Jésus, elle était tout excitée, mais personne ne la croyait. C'est pourtant elle qui avait raison !

Je ne sais pas pourquoi je vous dis cela. Ces détails n'ont pas beaucoup d'importance... Je voulais seulement que vous sachiez que je n'ai jamais été un leader, que j'étais plutôt un suiveur. Alors, imaginez mon étonnement lorsque je vous vois tous à me considérer comme un maître, comme un héros auquel il faudrait ressembler ! L'histoire ne retient que les belles choses, mais la réalité est beaucoup plus mitigée. Vous ne savez probablement pas très bien pourquoi vous faites ce chemin. Vous avancez des raisons qui ne sont pas les vraies et vous cachez au fond de vos cœurs vos souffrances et vos espérances, vos désirs d'être aimés et de réussir. Vous attendez davantage de la vie, sans savoir vraiment quoi. Peut-être vous cachez-vous derrière quelques fanfaronnades et enjolivez-vous la réalité ? Ne vous inquiétez pas. J'étais comme vous. Je ne savais pas très bien ce que je faisais sur ces routes de Judée, de Galilée, à Capharnaüm, et même en arrivant à Jérusalem. J'avais été pétri, lentement éduqué par le chemin, par les rencontres. Je me suis découvert moi-même et j'ai compris qu'après cette expérience, je ne serais plus jamais le même. Comme Marie, comme Simon et même comme Jean, j'étais redevenu moi-même. Une solide amitié nous unissait. Vous savez, le plus grand miracle de Jésus, ce n'est pas d'avoir guéri l'aveugle Bartimée ou d'avoir multiplié des pains. Son plus grand miracle, c'est d'avoir fait de cette bande de bras cassés que nous étions, un groupe de frères.

Quand je pense qu'il avait eu le culot de choisir cet intello de Nathanaël, un pharisien, d'avoir osé s'inviter chez ce collabo de Matthieu et de lui avoir demandé de nous rejoindre ! Je n'oublierai jamais la colère de Simon le Zélote. Il faisait partie du groupe des résistants, tendance « Canal historique », prêt à tout pour expulser l'envahisseur, le Romain comme le Grec. Prêt même à tuer ! À faire payer tous les traîtres. Il pensait que Jésus était de son côté, qu'il cachait son jeu, mais qu'il allait bien vite renverser tous ces imposteurs. J'avoue qu'avec Simon Pierre, nous étions assez sensibles à ses idées, jusqu'au jour où Matthieu nous a rejoints, jusqu'au jour où Jésus s'est invité chez Zachée. Nous n'avons plus rien compris ! Nous étions prêts à le lâcher. Et pourtant, nous sommes restés. Je me demande encore par quel miracle nous sommes devenus des amis. Vous n'allez peut-être pas me croire, mais ensuite, j'aurais donné ma vie pour chacun d'eux !

Quand je vous regarde, de là-haut, je me dis que vous nous ressemblez vraiment. Je serais prêt à donner tout ce que je possède pour chacun de vous. Je suis également assez fier que vous aussi, vous puissiez vivre l'expérience du chemin. J'ai l'impression d'avoir mystérieusement transmis quelque chose qu'il vous faudra du temps pour découvrir. Vous êtes un peu les enfants que je n'ai jamais eus. Je vous souhaite de vivre des rencontres inattendues et bouleversantes. Dieu n'est pas cet inconnu que vous craignez, qui vous regarde ou qui vous juge. Pour le voir, il ne faut pas lever la tête, mais plutôt la tourner. Il est là, à côté de vous. Il marche avec vous.

Sur ce, je vous laisse. J'en aperçois une, sur le bord du chemin, qui est épuisée, pas loin de craquer. Elle se demande pourquoi elle a entrepris ce pèlerinage et si elle ira jusqu'au bout. Elle pleure en silence. Son père est mort il y a trois mois. C'est pour lui qu'elle a voulu partir. Elle n'est pas croyante. Enfin… c'est ce qu'elle dit ! Elle ne sait même pas que j'existe, et que je la vois. Elle me prendra sans doute pour le jardinier ou pour un inconnu qui lui emboîte le pas, comme Jésus à Emmaüs.

Compostelle ? Je n'y suis jamais allé. Du moins, c'est ce que j'ai cru longtemps. Je me disais : « Mais qu'est-ce qu'ils ont tous à marcher sur mes traces, sur cette route que je n'ai jamais foulée, à rejoindre ce lieu que je ne connais pas ? » Et puis, j'ai finalement compris ! Chaque fois qu'un pèlerin part, je fais le chemin avec lui. Je suis là ! Et je vis chacun de vos cheminements comme s'il était le mien. Merci de m'emmener avec vous ! En échange, laissez-moi vous emmener avec moi, sur cette route de Galilée et de Judée que vous n'avez pas foulée – jusqu'à Jérusalem, où je suis mort effectivement. C'était un peu mon Compostelle de l'époque. J'y ai fait l'expérience de l'amitié, de la fidélité, de la souffrance et du découragement, de la mort… et finalement de la résurrection.

Nous nous ressemblons tellement !

Ne désespérez pas. La vérité est au bout du chemin. Le vrai chemin ! Pas celui de Galice, mais celui de la vie. Courage et surtout… *Ultreia* !

En aparté – Pour rendre hommage à saint Jacques et aux pèlerins en même temps, j'ai choisi de rendre cet apôtre plus humain, plus vrai aussi. Pour cela, je me suis inspiré de l'Évangile, bien sûr, qui est touchant de vérité, en particulier lorsqu'il évoque le caractère bien trempé de Pierre, les désirs de gloire de Jacques et de Jean mais aussi leur humilité devant la miséricorde de Jésus et la confiance qu'il leur fait. J'ai également relu

Jacques de Voragine, ancien archevêque de Gênes, qui, dans sa Légende dorée, *sans trahir l'esprit de l'Évangile, laisse libre cours à son imagination : non seulement il envisage le lien entre Marie-Madeleine et Jean, mais il échafaude aussi la folle épopée de l'apôtre Jacques en Espagne. Enfin, je me suis souvenu de la nouvelle de Marguerite Yourcenar,* Marie-Madeleine ou le salut. *Mon intention était surtout de montrer combien Jacques et les autres apôtres nous ressemblent. Oui, nous sommes faits du même bois, nous avons les mêmes désirs au cœur, les mêmes rêves d'une vie exaltante et d'aventures trépidantes !*

Après avoir obtenu une licence d'histoire, Emmanuel Gobilliard a poursuivi ses études au séminaire diocésain du Puy-en-Velay puis au séminaire français de Rome. Il a été ordonné prêtre en 1997. Recteur de la cathédrale du Puy-en-Velay pendant dix ans, il a été nommé en 2016 évêque auxiliaire de Lyon. Passionné de musique, de théâtre et de cinéma, il a créé le théâtre des Pléiades en 2001 avec le comédien Dominique Touzé. Clarinettiste, il joue dans un ensemble de jazz. Il est l'auteur de plusieurs livres parmi lesquels *La cathédrale du Puy* (Éditions du Signe, Eckbolsheim, 2010), *Journal de Tanjomoha* (EDB, Nouan-le-Fuzelier, 2016), *Dieu a besoin de toi… Oui toi !* (Éditions de l'Emmanuel, Paris, 2018) et *Aime et ce que tu veux, fais-le !* (avec Thérèse Hargot et Arthur Herlin, Albin Michel, Paris, 2018).

12

Dans l'impasse, trouver le chemin

Céline Hoyeau

Familière des chemins de Saint-Jacques, Céline Hoyeau, journaliste à La Croix*, s'est mise en chemin sur le* Camino francés *à l'automne 2017, enferrée dans une situation douloureuse. À son retour, elle a voulu partager l'immense cadeau qu'elle a reçu du chemin : le dépassement de cette montagne intérieure qui lui semblait infranchissable.*

À toi qui te sens dans une impasse,

Marcher vers Saint-Jacques-de-Compostelle te fera sans doute t'évader, lâcher prise, souffler, ralentir, retrouver l'essentiel, te recentrer, tisser des relations intenses, renouer avec ton corps, te dépasser, reprendre goût à la vie, prendre du recul pour mieux rebondir…

Mais sache aussi que, si tu l'empruntes au long cours, il aura certainement cette autre vertu méconnue de faire surgir, au détour d'un virage, ton *problem in person* : l'incarnation de ton problème existentiel. Ce sur quoi tu buttes régulièrement. Ce point aveugle qui handicape ton quotidien, en chair et en os.

C'est ce qui est arrivé à Clara[1], avec qui j'ai inventé, dans un anglais approximatif, cette « théorie » après

1. Les prénoms ont été modifiés.

avoir échangé avec elle sur nos trajectoires respectives et celles de nos amis croisés sur le *Camino francés,* entre Saint-Jean-Pied-de-Port et Santiago. Cette quinquagénaire irlandaise avait démarré son chemin en compagnie d'Albert, un retraité avec qui elle était entrée en contact via les réseaux sociaux. Veuf, peu débrouillard, habitué toute sa vie à être servi, il savait si bien jouer sur sa corde sensible qu'elle avait tout organisé pour faciliter leur périple : établi le plan de route, réservé les billets d'avion, les premiers logements, géré les pique-niques, soigné ses premières ampoules, écouté sa complainte... La parfaite infirmière ! Mais Clara se retrouvait prisonnière de la situation, tiraillée entre son syndrome du sauveur et son désir de marcher librement. Rongée par la culpabilité à l'idée d'abandonner Albert à son sort et secrètement angoissée de se retrouver seule sur la route, elle restait avec cet homme qui pompait toute son énergie. Il lui fallut les délicats encouragements d'autres pèlerins avec qui elle avait lié amitié pour prendre conscience de l'esclavage auquel elle avait consenti. Énième déclinaison de ce qu'elle faisait toujours dans sa vie, en Irlande : voler au secours de l'autre au point de s'oublier et de passer à côté de sa propre existence. Non sans peine mais avec courage, Clara le quitta finalement à une étape pour suivre son propre chemin. Albert avait incarné son *problem in person.* Oser le laisser derrière elle, c'était ouvrir la porte à du neuf. En l'occurrence, affronter sa peur de traverser seule les immensités désertiques de la Castille permit à Clara de consentir, au fil des kilomètres, à pardonner à l'agresseur qui s'était introduit un an plus tôt dans son appartement et avait tenté de la tuer. Cette pèlerine aurait pu, sous couvert de bonnes intentions, s'épargner l'inconfortable décision d'abandonner Albert à son sort, mais elle aurait manqué ce rendez-vous si déterminant avec elle-même. Au lieu de cela, elle s'est laissé guider par la sagesse du chemin.

Moi-même, j'ai éprouvé la tentation d'esquiver mon *problem in person* sur le chemin. En l'affrontant sur cette route dont chaque journée a la densité d'une année de vie ordinaire, où chaque rencontre est comme le symbole d'un pan de nos existences, j'ai pu me libérer de ce qui m'enfermait depuis des années et m'empêchait d'avancer.

J'étais partie de Roncevaux la mort dans l'âme, après une rupture amoureuse. Malgré les kilomètres qui défilaient sous mes pieds, je tournais en rond intérieurement, focalisée sur la perte et le manque. Ce qui était une autre manière de ne pas me confronter à moi-même. Peu à peu, pourtant, j'ai consenti à laisser le souvenir de cet homme sur le bord de la route pour vivre mon propre chemin. C'est alors que mon *problem in person* s'est présenté à moi sous les traits d'un pèlerin allemand qui incarnait étrangement une partie de moi que je rejetais, dont j'avais peur. Son compagnonnage, sur une centaine de kilomètres, m'a tendu le miroir de mon impasse intérieure. Je me suis fait rattraper par ce que j'avais toujours tenté de contourner. À ses côtés, je me suis confrontée à cette posture bancale que j'avais construite. J'ai compris que j'avais passé ma vie à me contorsionner pour être aimée. Dès lors que je m'attachais, je renonçais à ma personnalité, entrais dans le désir de l'autre et me perdais de vue. J'étais une « dépendante affective ». En acceptant cette rude leçon, j'ai appris à m'accueillir, à intégrer cette partie de moi que je rejetais, à m'aimer tout simplement. Dans ce face-à-face avec moi-même, libre de toute contrainte, j'ai pu prendre de nouveau, avec une conscience beaucoup plus vive cette fois-ci, mon propre chemin. J'ai suivi ma petite voix intérieure qui me disait : « Ne te retourne pas, ne t'accroche pas aux fantômes du passé. Marche vers la femme que tu es appelée à être. Transforme la contrariété en bénédiction. »

Arrivée à la Cruz de ferro, dans les monts de León, lieu où le pèlerin est invité à laisser sur un monticule la pierre qu'il avait glissée dans son sac, emblème du fardeau de son existence, j'ai déposé symboliquement ma vie affective, mes blessures, limites, dépendances, désirs, amours déçues. Là, j'ai ressenti une joie jamais éprouvée jusqu'alors. Une immense gratitude pour toute mon existence, pour ce célibat dans lequel je me retrouvais de nouveau à 40 ans, pour ce cadeau de la liberté intérieure.

Une heure après, alors que je savourais un café dans le village voisin avec une pèlerine brésilienne, mon téléphone a soudain vibré. L'homme qui avait déclenché mon départ pour Saint-Jacques me proposait de prendre l'avion pour me rejoindre dans les dernières étapes du chemin. Que faire ? Dire oui, c'eut été renoncer à aller au bout de cette aventure solitaire dans laquelle j'avais enfin accès à ma liberté intérieure. Refuser, c'était risquer de le perdre de nouveau. Mais était-ce justement une bonne raison pour lui dire oui ? Au bout de vingt-quatre heures, je finis par décliner.

Le chemin m'avait présenté, là encore au bon moment, l'occasion d'intégrer ses leçons. J'ignorais alors que cet homme m'attendrait, malgré tout, à Paris…

Au dernier jour de ce périple, je suis partie pour Saint-Jacques-de-Compostelle dans la nuit, à la seule lumière de la lune. Plutôt que longer la nationale, j'ai opté pour le sentier dans les bois et, pour la première fois, moi qui étais incapable de marcher seule dans une forêt même de jour, je n'ai pas eu peur. Cette traversée forestière nocturne me montrait que sur le chemin, j'avais affronté et dépassé d'autres peurs plus archaïques et que, désormais, la nuit ne m'empêcherait plus d'avancer. Alors que je contemplais la lune entre les branches des arbres, si lumineuse, une énorme étoile filante a fusé, tel un clin d'œil du ciel. Le pèlerin qui s'engage dans la grande aventure de Compostelle ne marche-t-il pas sur le chemin de l'Étoile ?

Ami pèlerin, puisses-tu, toi aussi, ouvrir les yeux sur ton *problem in person* et trouver sur ta route des « anges » qui t'aideront à l'affronter. Cet obstacle, ce scénario à répétition n'est pas nouveau, tu l'as souvent rencontré dans ta vie ordinaire mais, soudain, sur ce chemin qui ramène à l'essentiel, ce que tu aurais pu une nouvelle fois éluder t'apparaîtra beaucoup plus clairement. Pour peu que tu acceptes de regarder ce miroir que te tendra ton *problem in person* – aussi douloureuse soit cette confrontation –, le chemin t'offrira la possibilité de sortir du cercle infernal qui t'empêche d'avancer. Le *Camino* nous révèle nos boitements intérieurs. Y consentir, les assumer est la tâche qui nous revient.

Céline Hoyeau est journaliste, spécialisée dans l'actualité des religions. Après avoir vécu quatre ans à Rome, elle est entrée au quotidien *La Croix* en 2006 où elle est chef adjointe du service « Religions ». Elle est l'auteur de *Il était une foi dans l'Ouest* (avec Olivier Bonnel et Emmanuel Pellat, Éditions La Croix du Sud, Paris 2003) et de *La trahison des pères* (Bayard, Paris, 2021), et elle a dirigé le livre *Lettres aux catholiques qui veulent espérer* (Bayard, Montrouge, 2019).
Son goût pour l'aventure l'a conduite en Inde, aux États-Unis qu'elle a traversé en voiture, puis en Arctique et en Iran. Elle a parcouru à pied le chemin de Saint-Jacques et ses variantes en France depuis le Puy-en-Velay de 2010 à 2016, avant d'entreprendre le *Camino francés* en septembre et octobre 2017. Passionnée par le Proche-Orient, elle a également arpenté la Voie lycienne (2013-2014), de Fethiye à Antalya, dans le sud de la Turquie, ainsi que la Galilée (2018). Elle est mariée et mère d'une petite fille.

13

Un enfant de Mai 68 sur les chemins de Saint-Jacques

Patrick Huchet

Parmi les pèlerins, qui n'a eu un jour entre les mains l'un des livres sur les chemins de Saint-Jacques de deux Bretons, l'historien Patrick Huchet et le photographe Yvon Boëlle ? Mais on connaît moins ce qui a poussé Patrick Huchet à prendre la route de Compostelle, et à écrire tant d'ouvrages sur le patrimoine de ces chemins et la vaste épopée des pèlerins. Retour au siècle dernier.

JE suis un enfant de Mai 68. Vraiment. Ce printemps joyeux et enfiévré a totalement bouleversé ma propre vie et ma vision de l'existence.

À l'automne 1967, je commençais des études d'histoire, à la toute nouvelle faculté des lettres de Rennes, dans le but de devenir professeur, en cette si noble matière, qui me tient tant à cœur. Mais le joli mois de mai en décida autrement ! D'interminables débats et discussions sur mille et un sujets (la politique, la libération sexuelle, etc.) enflammèrent le campus jour et nuit. Timide et réservé, j'ai écouté, étonné, subjugué, ces tribuns et orateurs passionnés, exaltés, prêchant la Révolution... Et bientôt fleurirent sur les murs et palissades ces slogans on ne peut plus surprenants : « Il est interdit d'interdire » ; « Jouissez sans entraves » ; « Cours camarade, le vieux monde est derrière toi »...

Comme j'avais subi sept années d'internat dans une institution religieuse, de 11 à 18 ans, le choc fut particulièrement rude. Ma transformation personnelle le fut tout autant. À l'issue de ces formidables « événements », je pris deux très fermes engagements : tout d'abord, ne jamais m'inscrire dans un parti politique pour garder une entière liberté de conscience ; puis ne jamais tomber dans la routine, faire en sorte d'avoir une vie aussi aventureuse que possible.

Trente ans plus tard, les chemins de Saint-Jacques, de France et d'Espagne, m'ont permis d'accomplir régulièrement, au petit matin, mon « examen de conscience » : ai-je été réellement fidèle à mes idéaux de jeunesse ? Dès l'été 1996, j'ai apprécié vivement, sur les sentiers de la Margeride et les drailles de l'Aubrac, cette introspection quotidienne, cette lucidité qui s'offre si généreusement à tout marcheur au long cours.

Au début de l'année 1999, je décidai d'entreprendre une complète « analyse ». Pour cela, nul besoin de consulter un psychanalyste : le grand chemin de Quiberon à Saint-Jacques-de-Compostelle y pourvoirait bien mieux, assurément. Dois-je le confesser ? Ce cheminement de deux mois (du 1er août au 5 octobre, jour de mes 50 ans !) fut tout aussi important que les fameux « événements ». De la petite enfance à la vie d'adulte, les principaux faits marquants me sont revenus en mémoire, tout à fait clairement. Au diable les Lacan et autres Foucault, vive le *Camino de Santiago* !

Il y eut des jours de peine (cette traversée du pont de Saint-Nazaire, sous les trombes d'eau, frôlé par les camions du cirque Pinder) et d'autres de grandes joies (cet échange exceptionnel avec le père Ihidoy, au presbytère de Navarrenx, ou la traversée de la Meseta). Il y eut, surtout, cette journée du 14 septembre 1999, clôturée par un cadeau qui s'est déposé à tout jamais dans ma mémoire. Mon carnet de route en témoigne :

> Voici plus d'un mois que se dessine ma pérégrination : fini le redoutable bitume des départementales de France, place à la voie lumineuse du grand chemin d'Espagne. Ce jour-là, il fait frais, temps idéal pour la marche, qui est l'ordinaire quotidien du pèlerin. À Belorado, sous une pluie fine qui n'est pas sans rappeler ma Bretagne natale, je rejoins dans une auberge quelques *compañeros*, en quête, comme moi, d'une boisson chaude.
>
> Il y a là Joris, colosse hollandais frisant le double mètre, Tina et Kiri, pèlerines brésiliennes, dont la joie de vivre exubérante anime les soirées aux gîtes d'étape. Un grand bol de café et me voilà prêt à affronter les Montes de Oca, collines boisées autrefois redoutées. Sous un ciel bas et menaçant, je traverse des hameaux dont les demeures aux toitures effondrées traduisent toute la détresse. Villambistia s'annonce ainsi sous un visage des plus tristes. Et puis, je les devine de loin, se détachant rouge carmin sur le blanc de la borne : de belles prunes offertes à la tentation du passant. Est-ce un pèlerin me précédant qui s'est délesté de ces quelques fruits, si peu encombrants ? Ou alors un habitant du village qui a eu cette délicate attention ? Oui, il est là, se découvrant à peine, près de l'entrée de son pauvre logis. D'un franc sourire, il me fait signe de les prendre. Ce que je fais… avant de m'arrêter quelques mètres plus loin, incapable de retenir mes larmes, bouleversé par ce geste de fraternité, si banal en apparence, si fort en son extrême simplicité.

Vingt ans ont passé. Ce sourire si généreux ne m'a jamais quitté.

Au terme de tant d'années de pérégrination sur les voies pérégrines, de celle du Puy-en-Velay à celle de Rocamadour, de la *Via de la Plata* au *Camino primitivo*, je puis bien l'affirmer : ces fabuleux chemins de Saint-Jacques sont d'abord et avant tout d'incomparables voies d'amitié et de fraternité entre les peuples du monde entier.

Patrick Huchet a suivi des études d'histoire avant de se tourner vers le journalisme. Il se consacre désormais à la recherche historique et à l'écriture. Passionné d'art roman, amoureux des grands espaces et des paysages de montagnes, il sillonne depuis 1996 les voies pérégrines de France et d'Espagne.
Il est l'auteur de nombreux ouvrages sur ce sujet publiés aux Éditions Ouest-France, dont le best-seller *Sur les chemins de Compostelle* (1999), rassemblant ses deux ouvrages précédents illustrés par les photos d'Yvon Boëlle. Et aussi : *Merveilles des chemins de Compostelle* (2003), *Les nouveaux chemins de Compostelle en terre de France* (2009), *Les nouveaux chemins de Compostelle en terre d'Espagne* (2010), *Les pèlerins de Compostelle. Mille ans d'histoire* (2010), *Mille ans vers Compostelle. L'aventure des pèlerins sur les chemins de Saint-Jacques* (2012), *Compostelle, le livre des merveilles* (2014), *Vers Compostelle, par les chemins de Bretagne* (2018). Il est également l'auteur de nombreux autres livres sur les Templiers, les hérésies au Moyen Âge, les pèlerinages et les légendes bretonnes.

14

Du vagabondage au mariage : incroyable saint Jacques !

Humbert Jacomet

Son chemin était tout tracé : en bigourdan, « Jacomet » signifie « Petit Jacques ». Ainsi, depuis ce mois de 1976 où le jeune homme a parcouru, en compagnie de vingt autres étudiants, le Camino francés, *il n'en est jamais complètement revenu. Traquant en tous lieux la moindre représentation de l'apôtre, il est intarissable sur son iconographie. Avec l'humour qui le caractérise, il rend grâce à saint Jacques et aux amis européens qu'il lui a donnés.*

« ÇA y est, il est parti ! Bon débarras ! », ont dû penser certains – à moins qu'ils n'aient été sourdement inquiets. Avec son sac à dos chargé de cartes, son guide topographique concocté par l'abbé Bernès et son Canon japonais, bardé de pellicules autour du cou, il n'ira pas loin, ce drôle ! Et pourtant, il y est arrivé, quelque peu amaigri, il est vrai. C'était la veille d'un certain 25 juillet de l'an de grâce 1976, par une forte chaleur dont la Galice n'est pas coutumière. Partout ailleurs, il avait abondamment plu, même en Castille, tandis que le nord de l'Europe grillait. L'aumônier de la petite troupe estudiantine avait prévenu chacun : « On va à Saint-Jacques pour mourir ! » Mourir au péché s'entend, assurément. Mais le chiendent résiste à tout… Cette année-là, le roi fit l'offrande et les pèlerins virent la *fachada del Obradoiro* s'embraser du traditionnel feu d'artifice.

Vingt et un chapeaux de feutre noir achetés aux Puces de Saint-Ouen, l'aile frontale timbrée de coquilles Saint-Jacques épanouies, récupérées chez un poissonnier sur le boulevard : il fallait y songer ! Affublés de la sorte, ces étudiants n'étaient-ils pas de vrais pèlerins à la française ? À peine franchi l'Ebre des Ibères, « *¡ Napoléoné, Napoléoné !* », s'écrièrent sans faute les gamins de Logroño qui leur couraient après. Que ne s'exclamèrent-ils avec admiration « *¡ Peregrinos, peregrinos !* » – comme les pèlerins le firent eux-mêmes, surpris dans leur sommeil, pour se défendre d'une ronde nocturne de la *guardia civil*, à Foncebadón où ils avaient investi une grange à demi ruinée couverte en chaume… Ces lointains relents de l'invasion napoléonienne n'étaient certes pas l'effet escompté ! « Pôvres ! » (à prononcer à l'auvergnate), ces enfants ne savaient pas que la canonnade des « Gribeauval » avait ouvert une brèche dans la muraille romaine d'Astorga et anéanti au passage les archives de la cathédrale de cette vénérable cité épiscopale, capitale de la Maragatería.

Dûment confessé sous le coup d'un bref repentir assaisonné de foudres paternelles en poste restante, ébloui par la Castille, le jeune homme s'en revint l'âme envahie par une nostalgie inconnue. Le Páramo burgalés, avec ses coteaux décharnés, lui était entré dans les os, sans parler de Frómista, Villalcázar de Sirga et Carrión au cœur de la Tierra de Campos. Aussi éprouvait-il une étrange morsure à l'âme. Mi-troubadour, mi-saltimbanque, non, ce pèlerinage, il ne l'avait pas vraiment vécu comme il aurait pu ou dû.

Comment oublier, en outre, cette terre et ces paysages dont il aurait voulu épouser l'histoire ? Il ressentait comme un manque que des années entières ne suffiraient pas à combler, une blessure dont Raymond Oursel, auteur de *Pèlerins du Moyen Âge*, fut le rare confident.

En attendant, Santiago embrassé et entrevu continuait à lui trotter dans la tête. L'image équestre du chevaucheur de nuées n'était pas pour lui déplaire. Il n'en fallait pas davantage pour qu'il s'engouffrât dans le premier chemin de traverse venu, enflammé par l'élan d'une imaginaire reconquête menant à la poursuite des alcazars mauresques auréolés de prestiges et de mirages : lui, nouveau Don Quichotte à mobylette courant après ses moulins, et, là-haut, saint Jacques, intrépide *caballero* éperonnant son destrier. Du reste, il me souvient que cette monture de ferraille, il l'avait gagnée au cours d'un jeu radiophonique sur Compostelle, sorte de joute oratoire dont il ne s'était pas trop mal sorti (RTL, 1978). Qu'on le veuille ou non, il y a, d'un côté, l'âpre piste Est-Ouest qui file sans détour ni remord : le *Camino real francés* menant en droiture vers le sanctuaire de l'Apôtre ; et, de l'autre, ces chemins de perdition que sont les innombrables « échappées belles » Nord-Sud qui vous livrent pieds et poings liés aux séductions de l'Orient. C'est ainsi qu'il se sentait écartelé. Quoi qu'il en soit, il ne dépasserait pas Calatañazor et Medinaceli, lieux de légende, où le *hadjib* Ibn-Abi Amir al-Mansour fut défait et mourut d'avoir saccagé le *Locus sancti Jacobi* au tournant de l'an Mil.

Ayant cédé peu après à la tentation du déracinement, prélude au déclassement, le voilà au Caire, siège du califat fatimide, féérique métropole des Mamelouks, où il se laisse pousser la barbichette (1978-1980). *Faylasouf* raté, il est bientôt subjugué par les éblouissements de l'art, même si l'image abrupte des fortifications du Bilâd Alaba wa'l Qila' (pays d'Alava et des châteaux), rebelles à tout décor – pauvres vestiges de pierre, de terre, de tapial ou d'adobe –, ne cesse de le hanter. Tombant de Charybde en Scylla, on le surprend, deux étés successifs (1980-1981), apprenti terrassier retournant un sol ingrat sous un soleil implacable à Coruña del Conde, sur le site de la romaine Colonia Sulpicia, important carrefour de voies antiques au seuil de la Meseta, avec la *cavea* de son théâtre taillée à même le roc à flanc de coteau comme à Saint-Bertrand-de-Comminges.

Un soir qu'il battait tristement en retraite, toujours à motocyclette, sans le sou, vers les ports de Cize, guetté par une panne de carburant, il trouva refuge à Bacáicoa (Bakaiku), village basque peu éloigné de la frontière qui sépare l'Alava de la Navarre. On se trouve là au profond de la Burunda, sorte de couloir intérieur emprunté par le primitif chemin de Saint-Jacques qui s'étire entre les *sierras* d'Aralar et d'Urbasa. Par ailleurs, cette localité n'est pas très éloignée du *puerto* de San Adrián. Un an plus tôt, dans les mêmes parages et dans des circonstances analogues, il avait été accueilli par Don Saturnino Ruiz de Loizaga qui l'avait logé dans son bureau aux murs tapissés de livres. C'est ainsi qu'il avait découvert l'existence du fameux *túnel* de San Adrián dans lequel l'ancien chemin de Bayonne à Burgos – voie express Paris-Madrid aux temps modernes – s'était jadis frayé un rude passage. Don Saturnino, savant ecclésiastique du diocèse de Vitoria, explorait les archives vaticanes. À Bacáicoa, c'est un prêtre à la soutane élimée qui ouvrit sa porte. Il fit souper l'inconnu, écouta placidement ses interminables récits et ponctua cette logorrhée d'un laconique : « *Vete a Francia y casate* » (soit : « Rentre en France et marie-toi ! ») ; après quoi il s'en alla reposer du sommeil du juste.

De retour sur le pavé parisien, ce fut d'abord l'improbable et fatidique rencontre. Puis, quelques années plus tard, pénétré de la gravité et de l'incommensurabilité du fait, la tremblante demande en mariage, union que Santiago devait bénir lorsque, en guise de lune de miel, Don Eugenio Romero Pose, recteur du Seminario Mayor en même temps que directeur de l'Instituto Teológico Compostelano, croisé par hasard sous une pluie battante Plaza del Obradoiro, leur conseilla d'acheter un *siete parroquias* (vaste parapluie galicien) et les introduisit par une porte dérobée au milieu des splendeurs baroques de l'abbatiale San Martín Pinario (septembre 1986). Il faut préciser, en outre, que l'écuyer errant était revenu d'Espagne muni d'un sauf-conduit ou recommandation qui devait le remettre sur le bon chemin, celui de la Sorbonne. L'ami Jean de Loisy s'étant entremis, la philosophie céda la place à l'histoire de l'art. Une nouvelle licence fut entreprise (1981), elle-même couronnée par une seconde maîtrise (1982) dont le sujet fut négocié contre l'obtention d'une bourse d'un mois à la Casa de Velázquez. Pensez : carte libre pour explorer les églises de Madrid en quête de peintures religieuses contemporaines de Goya ! Ses yeux s'arrêtèrent sur une fantastique série de croûtes accrochées dans le cloître de San Francisco el Grande. Ces toiles néoclassiques teintées de style troubadour retraçaient la vie de saint François d'Assise (1181-1226). N'y voyait-on pas le futur *Poverello* porté sur les fonts baptismaux par un pèlerin de Saint-Jacques ? Son choix était fait. Ces exploits académiques eurent pour résultat tangible de le mettre à la rue, n'ayant dès lors d'autre recours que d'exercer, avec une faconde égale à son ignorance, le métier de conférencier-batteleur au service de la Caisse nationale des monuments historiques (1982-1989).

Quelques feuilles publiées dans la revue *Archéologia* le firent remarquer. Il y eut alors un appel téléphonique inopiné, émis depuis le lointain finisterre de Galice, réceptionné boulevard Arago un fameux jour de février. Surprise : « Serafín Moralejo Alvárez, *catedrático de Historia del Arte*, ténor de *l'Alma Mater gallega*, à l'appareil ! » S'ensuivit la rédaction *sine die* d'un essai de quelque poids traduit en castillan : « *Santiago ! En busca del gran Perdón* », conçu pour le catalogue de la remarquable exposition : « *Santiago, Camino de Europa* : *Culto y Cultura en la Peregrinación a Compostela* » (1993). À la suite de quoi Paco Singul, de la Xunta de Galicia, prit le relais, l'emmenant par la main au paradis des expositions qu'il a l'art de multiplier.

Le fils de Zébédée avait ainsi repêché son pèlerin égaré. Il était désormais pris dans les filets du pêcheur de Galilée, aussi à l'aise sur le lac de Génézareth que sur les rivages de Galice ou ses chemins poudreux. Assagi par la vie de foyer, cet instable s'était d'ores et déjà attelé à d'extravagantes recherches sur l'iconographie du Majeur. Elles devaient déboucher sur une façon de thèse intitulée : *Essai sur la fonction de l'image religieuse : l'exemple de saint Jacques*, thèse à plein régime régulièrement soutenue à l'Institut d'art et d'archéologie de Paris, le 15 avril 1999 à 9 h 30 du matin. Un concours de circonstances inouï avait décidé de la présence inattendue au sein du jury d'une sommité galicienne, Don Fernando López Alsina, doyen de la Faculté d'histoire et de géographie de l'Université de Santiago, auteur d'un ouvrage sur les origines de Compostelle.

Entre-temps, quatre enfants étaient nés et le conférencier disert s'était mué en singulier conservateur du patrimoine (option « Monuments historiques »). En Champagne-Ardenne où l'Administration l'affecta au débotté, l'Espagne était toujours au rendez-vous car Jean-Michel Musso, architecte en chef, qui le cueillait dès potron-minet boulevard Arago, était un ancien de la Casa ! Toujours est-il qu'un cap redoutable venait d'être franchi, celui qui le jetait en haute mer sur les flots houleux de la *peregrinatio studiorum* avec ses escales ou assises régulières, ses amitiés, et aussi – pourquoi le taire ? – ses doutes, ses naufrages et ses âpres rivalités qui vous sèchent la gorge. Incroyable ! Saint Jacques offrait désormais à cet énergumène la généreuse hospitalité du port d'attache où il a jeté ses amarres, à la faveur de chaque nouveau *Congreso de estudios jacobeos*. Ces congrès internationaux, doit-on préciser, sont magnifiquement organisés à l'Hôpital des Rois Catholiques par l'équipe des experts européens agréés auprès de la Xunta de Galice. À ce point gâté par le

« fils du tonnerre », comment ne pas lui vouer une profonde gratitude ?

Pour autant, n'allez pas croire que l'aventure s'achève au seuil du siècle inauguré par le jubilé romain de l'an 2000. Au grand étonnement du modeste signataire de ces lignes, elle se poursuit en Auvergne de mille manières, *Via arverna* oblige ! À l'issue de Clermont, se dirigeant vers Rabanesse et Romagnat par ce qui fut une ancienne rue Saint-Jacques éclipsée par l'actuel viaduc de ce nom, l'itinéraire que désigne ce néologisme se perd dans un chevelu de sentiers qui plongent aussi bien vers Conques que Rocamadour et, au-delà, Compostelle. Or, la circulation et l'accueil des pèlerins sur cet axe médian ont trouvé un chef d'orchestre en la personne haute en couleur de Bernard Quinsat, aiguilleur des routes du ciel, que seconde son épouse, la merveilleuse Laurette. Quiconque s'adresse à eux est sûr de ne manquer de rien. Tous deux habitent Romagnat tandis que le farfelu, dont le boniment réclame votre indulgence, réside à Saint-Saturnin. Les coquilles qui balisent la *Via arverna*, enjambant allègrement les plateaux de Gergovie et de la Serre, unissent les deux villages. Vous l'aurez deviné, l'hurluberlu embarqué par Bernard Quinsat dans *L'âge de la marche* (documentaire réalisé en 2018 par Élise et Louis-Marie Blanchard) doit tout, en réalité, à ceux que l'Apôtre a bien voulu placer sur sa route, si tortueuse et enchevêtrée qu'elle ait été et qu'elle continue d'être.

On voit comment, dans le cas exposé ici, un enchaînement de conditions propices, semées au hasard de rencontres, a rendu possible la poursuite de l'aventure castillane et galicienne dans le sillage de saint Jacques.

Et puisque, aux dires de saint Jean-Paul II, les chemins de Dieu passent inévitablement par l'homme, attendu que le Dieu de la Révélation est « Dieu à visage humain » (pape Benoît XVI), il est conséquent de croire qu'il n'en va pas différemment avec l'Apôtre, disciple du Christ. Aussi, remercier en vérité saint Jacques et Compostelle de leurs bienfaits devrait conduire à évoquer sans peur et sans fard tous ceux qui, œuvrant à cette épopée qu'un fourmillement d'étoiles a inscrite au firmament, ont contribué à des degrés divers à dessiller les yeux d'un garçon qui, sans cela, serait resté définitivement enfermé dans la caverne de Platon, au pays des ténèbres. Mais sans doute est-il plus sage de se contenter, pour finir, d'inviter le lecteur bienveillant à jeter un regard distrait sur la page du site « academia.edu » qu'un de ses fils a ouverte à son nom. Il pourra ainsi mesurer par lui-même l'étendue du désastre. En effet, détailler les circonstances de chacune des batailles livrées contre soi-même et le fléau d'une incessante distraction, que représente la pénible élaboration des exercices « académiques » qui s'y trouvent recensés serait par trop fastidieux… Si la parole naît du silence pour y retourner, il est temps de couper le micro, sachant qu'à l'heure du bilan final il y aura bien des failles et omissions plus ou moins volontaires à réparer et expier.

Humbert Jacomet a mené ses études au sein de l'Université de Paris-IV Sorbonne : licence et maîtrise de philosophie (1974-1975) ainsi que licence et maîtrise d'histoire de l'art suivies d'un DEA d'études et civilisation islamiques (1981-1983) ; puis, après la parenthèse de l'École nationale du patrimoine (1990-1992), une fois devenu conservateur en Champagne-Ardenne et avant de l'être en Auvergne, une thèse de doctorat soutenue en 1999. Parallèlement, il a successivement exercé les fonctions de maître-auxiliaire en classes de terminale (1975-1978), puis de coopérant VSNA au Caire (1978-1980), et, enfin, de conférencier et animateur à la Caisse nationale des monuments historiques (1982-1989). Conservateur de la Maison Bardoux à Saint-Saturnin, il poursuit la publication de ses nombreux articles sur saint Jacques le Majeur et son iconographie. Un détail qui a son importance : en 2010, toute la famille Jacomet a été admise au sein de l'Archiconfrérie de saint Jacques.

15

D'Orient en Occident, pèlerin de l'art

Ji Dahai (Chine)

Ji Dahai est le premier artiste chinois à avoir effectué le chemin de Compostelle. Après avoir parcouru les routes de pèlerinages bouddhistes et taoïstes, curieux de la culture occidentale et épris de la langue française, il est venu inscrire sa quête entre Le Puy-en-Velay et Saint-Jacques-de-Compostelle. Les formidables rencontres, les prières parmi les chrétiens, l'émerveillement devant le patrimoine allaient laisser une empreinte indélébile dans sa mémoire et dans sa peinture.

Au printemps 2004, dans ma maison de Songzhuang – le plus grand village des artistes chinois à Pékin –, une amie française me parla des chemins de Saint-Jacques. Étant francophone et aimant marcher dans la nature, je me suis tout de suite intéressé au sujet. En Chine, je m'étais rendu en pèlerinage sur de nombreuses montagnes sacrées, comme Putuo Shan ou Jiuhua Shan. Quand j'ai appris que le chemin de Saint-Jacques était ouvert à tous, chrétiens ou non, j'ai décidé de m'y rendre.

9 000 kilomètres plus tard, porté par un grand oiseau de métal, je suis arrivé en France. Avec ma compagne Cécile, nous allions relier Le Puy-en-Velay à Saint-Jacques-de-Compostelle, et poursuivre jusqu'au cap Finisterre. Dans mon sac à dos, j'avais mis le strict

minimum pour laisser place à mes carnets de notes et de croquis, et aux quatre trésors du mandarin : le pinceau, l'encrier, le papier en écorce de santal soigneusement découpé au format des soutras et le bâtonnet d'encre de Chine.

Au seuil du chemin, je me suis remémoré cette pensée de Qu Yuan (c. 340 – 278 av. J.-C.), le premier grand poète chinois : « Le chemin sera long comme ma recherche personnelle. » Ce voyage de soixante-sept jours allait en effet être celui de ma quête. Durant ces 1 600 kilomètres, j'ai suivi ce long fleuve, emporté par des flots de merveilles que m'offraient le patrimoine, les paysages et les rencontres. Et ce que j'irais recueillir sur mes « soutras » allait se faire offrande : c'est comme si chaque trait de mon pinceau était l'expression de ma prière quotidienne.

Entre Le Puy-en-Velay et Saugues, j'ai aimé peindre les forêts de hêtres dont les branches se balancent comme des danseuses chinoises de l'époque Tang aux longues manches transparentes. Sur l'Aubrac, j'ai aimé calligraphier le nom du gîte « Chez Régine », situé aux Quatre Chemins, en le traduisant en chinois : « Maison du soleil et de la paix ». À Vaylats, j'ai aimé peindre les religieuses du couvent qui m'ont accueilli, et qui m'ont fait penser à la fleur de lotus, symbole de pureté chez les bouddhistes. À Moissac, j'ai aimé peindre le prophète Jérémie sur le trumeau de l'abbatiale Saint-Pierre ; je l'ai appelé, comme l'un des dix-huit disciples de Bouddha, « le moine aux longues jambes ». En chemin vers Saint-Jean-Pied-de-Port, j'ai aimé peindre les pierres déposées par les pèlerins sur les croix de chemins, qui m'ont rappelé celles que nous plaçons au pied des stupas. Au sommet des Pyrénées, sur une mer de nuages, j'ai aimé peindre la frontière : un passage entre le rêve et la réalité, le réel et l'irréel, le yin et le yang. En Espagne, j'ai aimé peindre le vol des cigognes, qui sont chez nous symboles de longévité. Et tout au long de mon pèlerinage, j'ai aimé peindre de multiples chemins, en découvrant que le fameux poème d'Antonio Machado (*Caminante, no hay camino*) faisait écho à cette phrase de Lu Xun, écrivain contemporain chinois : « Sur la terre, il n'y avait pas de chemin. L'homme marche, d'autres le suivent et c'est ainsi que se forme le chemin. »

Arrivé à Saint-Jacques, j'ai peint l'apôtre du portique de la Gloire qui m'a reçu, la main que l'on appose sur l'arbre de Jessé et une touffe d'arbrisseaux agités par le vent qui balayent la fatigue du pèlerin. Puis j'ai repris mon bâton de marche pour atteindre le Finisterre – la fin des terres, au nord-ouest de l'Espagne. En Chine, la province de Shandong, au nord-ouest du pays, se nomme « la fin du ciel »... Là, j'ai ramassé ma coquille, usée par le roulement de la mer et aux couleurs défraîchies. Personne n'en avait voulu ; mais c'est celle-là qui, entre toutes, m'attendait. C'est le dernier motif que j'ai aimé peindre, sur fond de mer et de ciel, car j'ai compris qu'en cette fin des terres, un autre pèlerinage commençait.

L'amour que j'ai ressenti lors de ce voyage est aujourd'hui au cœur de mon travail d'artiste – et au cœur de ma vie. Après dix-sept ans de vie commune avec ma compagne Cécile, je me rends compte que ce chemin de Compostelle est comme une pierre de fondation sur laquelle nous avons, petit à petit, construit notre histoire. Dans mon travail, cette quête de l'amour continue également à se refléter dans mes peintures : un arbre, un brin d'herbe, une souche de vigne, un paysage… L'union avec l'esprit divin, avec la nature.

Depuis un an, je peins le plus souvent avec ma main gauche, pour laisser se reposer la main droite endolorie par une tendinite causée par le travail rigoureux de la calligraphie. Le chemin de Saint-Jacques m'a appris à recueillir un enseignement de chaque épreuve. Ainsi, cette expérience fut aussi une découverte, et même une révélation ! Face à la nature, le pinceau tenu de la main gauche s'effleure avec naïveté. Maladroit comme un amoureux face à la femme de sa vie. Naïf comme un tout jeune enfant… Mais qu'y a-t-il de plus grand que deux personnes qui se regardent et tombent amoureuses l'un et l'autre ? Qu'y a-t-il de plus grand que la naissance d'un enfant ?

En ce jour où j'écris ces lignes, le 20 septembre 2020, notre fils fait sa communion. Le ciel n'est pas indifférent à l'événement : un déluge nous accompagne jusqu'à la collégiale Sainte-Marthe de Tarascon. Deux heures d'émotion, de méditation et aussi de fous rires. Quand nous sortons de l'église, le soleil revient, illumine le visage heureux du père Michel et de nous tous. À cet instant, je me souviens que la voie d'Arles passe non loin d'ici. Alternance d'ombre et de lumière, mutation constante et perpétuelle de ce chemin de Compostelle, qui résume le monde.

Ji Dahai est né en 1968, dans une Chine en pleine révolution culturelle. Issu d'une famille de médecins, il a grandi dans une résidence militaire de Pékin. Dès son plus jeune âge, son grand-père l'a initié à la calligraphie. Il a appris plus tard la peinture auprès de l'artiste Lai Shaoqi qui lui a fait découvrir les grands maîtres chinois. C'est pourtant dans la prestigieuse école de langues étrangères Waifu et l'Université de Beiwai, à Pékin, que Ji Dahai choisit de faire ses études. Après dix années d'apprentissage du français et de la littérature française, il ouvrit son atelier dans le village d'artistes de Songzhuang, à l'est de Pékin.

Héritier d'un art chinois traditionnel, Ji Dahai aime peindre les paysages. Fidèle à la finesse de l'encre de Chine, ses supports favoris sont la soie et porcelaine. Mais il aime également faire place dans ses œuvres à une recherche personnelle, inspirée de l'esprit bouddhiste et d'une touche contemporaine.

En 2005, après avoir parcouru les routes de pèlerinages en Chine, il poursuivit sa quête spirituelle sur les chemins de Compostelle. Lors de son voyage, il esquissa des croquis qui lui servirent de base pour ses futurs dessins. Son ouvrage *Un artiste chinois, pèlerin de l'art, sur les chemins de Compostelle* (Éditions Ouest-France, Rennes, 2005) est une synthèse poétique entre sa culture asiatique et la mystique chrétienne du chemin.

Ji Dahai est aujourd'hui installé à Arles. Fondateur de La Cour des Calligraphes, il enseigne la calligraphie chinoise et partage ainsi sa passion de l'art du pinceau. Il est également l'auteur des ouvrages suivants : *Le voyage d'un peintre chinois en Provence* (Éditions Ouest-France, Rennes, 2006), *Le cerf-volant de Zhang. Les mots français d'origine chinoise* (Serendib éditions, Paris, 2012), *L'âme du vin* (avec André Velter, Hua Cheng, Chine, 2014) et *Arbres* (Éditions Picquier, Arles, 2019).

16

Sauver l'essentiel

Laurence Lacour

Laurence Lacour a écumé les chemins de Compostelle à deux reprises, à vingt ans d'écart. La première expérience, en plein hiver, fut solitaire, initiatique et terriblement marquante. La deuxième, avec ses deux enfants récemment adoptés, fut également salutaire, grâce notamment à la rencontre de nombreux jeunes du monde entier. Quand elle évoque ces deux voyages, sa gratitude déborde !

PAR deux fois, le chemin de Compostelle a sauvé l'essentiel de ma vie. Je souhaite à chacun une telle grâce.

Cette rencontre date de 1998. À 41 ans, je survis, minée par l'absence d'enfant, étouffée dans une bulle de douleur indicible. À la mi-août, je remarque la une d'un magazine vantant le chemin de Compostelle. Du mot « pèlerin », j'avais gardé le souvenir de voyages d'enfance à Lourdes où j'observais, avec crainte, un mélange de douleur et de ferveur. Mais les regards illustrant cet article brillent d'une flamme que je sais éteinte en moi. Cruel miroir. En les fixant, je songe : « Voilà ce qu'il me faut. Partir. » Quitter l'amant, le lit, les médicaments, les courbes de température et le reste.

Cependant, marcher durant deux mois vers une ville mythique que je situe mal sur une carte m'apparaît très vite comme une folie dénuée de sens. En quelques jours, je trouve une alternative plus réjouissante. Partir, oui ! mais à Marrakech, pour rédiger, au bord de la piscine d'un riad, les mémoires de l'héritier d'un célèbre auteur, moins doué que son aïeul pour l'écriture.

Fin septembre, mon départ de Paris est millimétré quand cet homme, empêché, se désiste soudainement. Vingt-deux ans plus tard, je ressens encore le vertige de cet instant survenu dans la pénombre blafarde d'une cabine téléphonique des quais de Seine. D'un coup, la vie déchire le leurre marocain et me tend mon vrai carnet de route : l'inconnu, l'effort et la solitude, le tout à la saison froide. Le lendemain, hagarde mais guidée par une force inconnue, j'achète les topoguides du Puy-en-Velay à Saint-Jean-Pied-de-Port (l'Espagne, je n'y songe même pas !) et le matériel manquant raflé juste avant la fermeture du Vieux Campeur.

Les onze premiers jours, il pleut. Tout le temps. J'avance tête baissée en butte aux éléments. Dans l'Aubrac, à ne voir que des bêtes trempées comme moi, je deviens sauvage, portée par l'énergie du désespoir. Mais la pluie draine tout, à l'intérieur comme à l'extérieur. Peu à peu, mes tourments se diluent dans l'essentiel et je réalise ma chance : voyager dans ma propre vie à pleins poumons. Quand le ciel s'éclaircit, la terre offerte jusqu'à l'horizon m'éblouit. « On ne peut asservir l'homme qui marche », écrit Henri Vincenot dans *Les étoiles de Compostelle*. Un à un, je sens mes liens s'effilocher. Je suis debout. Je respire mieux. On me salue, on m'offre de l'eau, un fruit, un abri. L'autre apparaît bien différent de celui que je croise à Paris. Les gens disent simplement : « Vous en avez, du courage !

Venez donc à la maison. » Cet ordinaire, l'effort, le partage, un sourire, me semblent soudain extraordinaires. Des nombreuses chapelles sombrant vers la ruine, j'aime le silence absolu. Et ce parfum de pierre et de cire s'échappant des livres d'or où d'autres ont laissé une signature, un aveu : « Je ne crois en rien, mais je cherche un sens à ma vie. » Je ne serais donc pas seule dans cette quête ?

Mais sur le chemin, je suis seule. Il peut passer un randonneur, allemand ou suisse. Un ou deux pèlerins, guère plus. Tant mieux : je suis jalouse de ma liberté payée au prix fort : la peur des animaux, de la nuit, des forêts noires et caverneuses. Mais au bord, que j'aime ces cœurs ouverts ! Le plus pur restera celui du curé de Navarrenx en Béarn, Sébastien Ihidoy, le bienfaiteur des pèlerins qu'il accueille depuis toujours. À sa table, on se sent unique. Sans savoir, il cerne les raisons de mon départ et lâche incidemment : « Il faut être fort pour exposer comme ça ses faiblesses. Et rien que ça, c'est déjà atteindre la lumière. » En un soir, il me transforme. À l'arrivée, je sais bien ce que je fuis. Et au matin, je sais que je vais marcher vers ma vie, acceptée avec humilité, quelle qu'elle soit. Ainsi, je deviens *peregrina*, comme l'on m'appellera bientôt en Espagne.

En un mois, mon corps m'a portée sans faiblir. Les personnes rencontrées et la nature ont éveillé puis élevé ma conscience. Mais il reste une porte close : mon cœur. Je reçois bien plus que je ne donne. À Roncevaux, ils sont quatre, un peu routards, un peu miséreux. Différents, ils me gênent et je les évite. Mais l'hiver espagnol nous jette vite dans la même épreuve.

La neige, le vent, le brouillard, les gîtes glacés. Bientôt, ils me montrent la voie du courage. Ils me relèvent quand, épuisée, je flanche. J'ai besoin d'eux, de leur chaleur. J'entends les mots du père Ihidoy : « Sur ce chemin, tout homme est homme. » J'offre des repas puis mes gants. Ils me chambrent : « Oh, c'est qu'elle deviendrait humaine ! » J'ai honte. Je ne les quitterai plus. Ils vont ranimer mon cœur flétri par la douleur. Au bout de deux mois et demi, à Compostelle, devant la cathédrale sacrée, hébétée d'y être parvenue, en déposant mon sac et donc mon fardeau originel, je me découvre reconstituée, toutes mes fêlures lissées d'un trait d'or. Alors, je rends grâce. Je ne sais pas à qui, mais je rends grâce.

Depuis, saint Jacques est devenu mon ami, mon ange gardien. En 2013, mes chagrins apaisés depuis longtemps, j'adopte deux enfants russes de 12 et 13 ans. Or, même quand il est adopté, il faut mettre son enfant au monde et je ne vois pour cela qu'une matrice. Alors, en novembre 2014, au grand dam de leurs profs et d'autres connaissances, nous partons pour Saint-Jean-Pied-de-Port. Je ne suis sûre de rien, mais j'ai foi en la vie, en moi et en eux qui me suivent sans broncher. Je rêve que le chemin les gratifie des mêmes bienfaits que moi. Que la marche les affranchisse de leurs servitudes. Que l'espace libère leur corps. Que l'horizon délie leurs pensées. Que la lenteur règle leur pouls sur celui de la terre. Que la solitude les confronte à l'Invisible. Que le souffle porte leurs espérances. Que l'altérité gagne leur cœur brisé. Qu'ils soient submergés d'émotions sensorielles comme en découvrant, en Bretagne, un océan déchaîné. Et surtout, qu'ils comprennent que tout but, même lointain, se gagnera toujours pas à pas. Au retour, en janvier, la principale de leur collège me fait appeler : « Je voulais vous présenter mes excuses, c'est vous qui aviez raison. » Merci saint Jacques !

La carrière de journaliste de Laurence Lacour a été stoppée en plein vol alors qu'elle avait 31 ans, par la couverture de deux événements : un Paris-Dakar tragique et l'affaire Grégory Villemin, dévastatrice. Celle-ci lui inspira un livre d'enquête sur ce dérapage médiatique et judiciaire, *Le Bûcher des innocents* (Plon, Paris, 1993 ; Les Arènes, Paris, 2016). À 41 ans, après s'être grandement dépouillée de ses biens, elle partit, seule et en hiver, sur le chemin de Saint-Jacques-de-Compostelle. Une aventure dont elle publia le récit, *Jendia Jende. Tout homme est homme est homme sur le chemin de Compostelle* (Bayard, Montrouge, 2003), où elle donne la parole au père Sébastien Ihidoy. Pendant plus de dix ans, elle consacra ensuite ses recherches à l'histoire intime du sang et du sida, qu'elle synthétisa dans *Le chant sacré. Une histoire du sang contaminé* (Stock, Paris, 2008). Ainsi aura-t-elle bouclé un triptyque traversé d'une même quête d'humanité. Depuis 2012, elle est éditrice et directrice de collection aux éditions des Arènes.

17

Mythiques chemins, mystique Compostelle !

Éric Laliberté (Québec)

Éric Laliberté, Québécois, a fait du chemin l'espace de sa quête spirituelle. Depuis ses premiers pas sur les sentiers de Compostelle – entre 2007 et 2019, il les a fréquentés cinq fois –, il a appris à « lire » le chemin pour y discerner la trace de Celui qui l'appelle toujours plus loin. Avec l'œil du pèlerin mais aussi de l'observateur, il analyse le surprenant apport des chemins de Compostelle outre-Atlantique, jusque dans les terres de la « Belle Province ».

LE Québécois a le chromosome du coureur des bois. Il a du Jack Kerouac dans les veines et rêve de *roadtrips* en Amérique. Aussi, même si certains se sont assagis depuis la conquête de l'Ouest, le soleil couchant continue de les fasciner et de les interpeller. Que ce soit avec *Volkswagen blues*, de l'écrivain Jacques Poulin (1984), *Le grand serpent du monde* du cinéaste Yves Dion (1998) ou encore par le documentaire *Alex marche à l'amour*, de Dominic Leclerc (2013), le mythe du chemin demeure bien présent dans l'imaginaire québécois. Pourtant, ce n'est que récemment qu'il a retrouvé l'énergie qui l'inspire et lui donne chair. Une revitalisation qui n'est pas sans lien avec les chemins de Compostelle !

Les années 1990 ont sonné cet éveil dès que les premiers échos de ces itinéraires mythiques sont parvenus de ce côté-ci de l'Atlantique. Il n'en fallait pas plus pour raviver la flamme des chemins de portage et l'appel des grands espaces. En effet, depuis ces années-là, selon le sociologue Michel O'Neill, environ cinquante mille Québécois et Québécoises ont marché sur l'une des voies jacquaires. Bien plus qu'une mémoire, c'est une spiritualité du chemin qui fut attisée par la fraîcheur de cette brise venue d'Europe. Affranchi des cadres religieux traditionnels sans les exclure pour autant, l'esprit renouvelé du *Camino* a permis aux Québécois de se réapproprier la spiritualité de l'être en marche, tout en guérissant certaines blessures laissées par un clergé autoritaire et imposant. La spiritualité trouvait ainsi un lieu où reprendre une place, plus convenable, après la vaine tentative de faire table rase à la fin des années 1960.

Aujourd'hui, l'espace du *Camino* a conquis sa légitimité, au-delà des institutions. Il libère l'humain de ses enclaves au point qu'il transcende même le lieu qui l'a vu naître. En effet, il est désormais incontestable que les chemins qui conduisent à Santiago se sont ouverts au-delà de leurs propres frontières. Compostelle est devenu plus grand que lui-même ! Par une dynamique pèlerine qui inspire le XXe siècle, il s'est fait la matrice d'un exercice, d'une pratique spirituelle qui, chez nous, a éveillé certains courants *beatniks*. Les *baby-boomers* du Québec ayant été les premiers à se lancer sur les chemins de Compostelle, c'était presque inévitable ! Il en résulte une histoire de cœur, entre pèlerins – anciens *drifters* ou nouveaux *backpackers* – et chemins, tendus vers un horizon qui appelle et ne se satisfait pas de l'ici. Véritable pérégrin, au sens où saint Augustin l'entendait, le pèlerin-*backpacker* est de passage. Le temps est différent, la manière de cheminer a évolué, mais la quête demeure. Elle est de cette énergie qui pousse à se mettre en route pour ordonner sa vie. « L'appel du chemin », diront certains. Dans son célèbre roman, *Sur la route*, Jack Kerouac écrivait : « On était tous aux anges, on savait tous qu'on laissait derrière nous le désordre et l'absurdité et qu'on remplissait notre unique fonction dans l'espace et dans le temps, j'entends le mouvement. » Rien de tel que le mouvement, en effet, pour s'émanciper d'un environnement sclérosé et retrouver le goût d'un idéal de vie ! L'anthropologue Alan Morinis définit d'ailleurs le pèlerinage comme « tout déplacement en quête d'un idéal ».

Le Québec a ainsi vu divers regroupements poursuivre le mouvement initié par les chemins de Compostelle. Le plus important d'entre eux, Du Québec à Compostelle, a été fondé en 2000. Cette association compte aujourd'hui plus de trois mille membres, répartis dans huit antennes régionales (Estrie, Lanaudière, Laval-Laurentides, Mauricie-Centre-du-Québec, Montérégie, Montréal, Outaouais, Québec) qui organisent de nombreuses activités (marches, conférences, préparation à la marche vers Compostelle sur trois jours « Comme sur le chemin », etc.). De plus, inspirés par l'exercice des voies jacquaires, des pèlerins se sont regroupés et ont mis sur pied plus de trente chemins dans l'esprit du *Camino*. Parmi ceux-ci, soulignons l'apport des plus anciens : le chemin des Sanctuaires (1999), le chemin des Outaouais (2005), le chemin des Navigateurs (2008) et le sentier Notre-Dame Kapatakan

(2009) ; mais aussi la contribution des plus récents, tels que Mini-Compostelle Mégantic (2016), le circuit de l'Abbaye (2018) ou la voie des Pèlerins de la Vallée (2019). Enfin, cet enthousiasme pérégrin a conduit la fédération Rando Québec à faire une place particulière au concept de « marche pèlerine », en l'incluant dans ses activités. Alors que la longue randonnée n'était un sport pratiqué que par quelques marginaux, l'engouement pour Compostelle a donc popularisé l'exercice pèlerin et fait en sorte qu'il se développe chez nous.

*

En ce qui me concerne, l'expérience de Compostelle aura été plus qu'un passage. Au-delà du rituel, l'exercice a façonné l'humain en moi. Et même s'il n'est pas toujours facile d'en saisir la teneur, la spiritualité qui en découle a laissé sa trace. Quelque chose s'y joue, par la durée et l'effort soutenu, qui ne saurait laisser indifférent. De ce chemin millénaire, retenons cependant qu'il nous aura faits… valser ! Si certaines églises imposent au pèlerin de s'incliner en le faisant passer par une porte basse, la finale de Compostelle le fait tournoyer et lui impose de se retourner. Rappelez-vous votre arrivée à Santiago : l'escalier qui descend vers la Plaza del Obradoiro, la cornemuse qui résonne dans le portique de l'enceinte. À la sortie, l'apogée du moment est bouleversé par un mouvement qui étonne. Alors que la cathédrale devrait se trouver là, devant vous, vous avez dû quitter le chemin et vous retourner pour l'apercevoir. C'est par ce mouvement de retournement, non loin de la conversion, que la spiritualité du chemin s'impose. Par ce déplacement qui oblige à regarder derrière pour mieux voir devant, le pèlerin est saisi. Sous ses yeux s'élève ce qu'ont édifié les milliards de pas pèlerins qui l'ont précédé. C'est alors qu'il entre, à son tour, dans l'histoire et la mystique de ce chemin. Bénie soit Compostelle !

Éric Laliberté est adjoint aux études de deuxième cycle au Centre de spiritualité Manrèse de Québec et codirecteur du centre d'accompagnement pèlerin Bottes et Vélo – Le Pèlerin dans tous ses états. Il est également membre du comité d'élaboration du premier microprogramme francophone en études pèlerines (Université Laval). Outre le chemin de Saint-Jacques, il a effectué de nombreux autres parcours en Amérique, parmi lequel un trajet de 2 000 kilomètres entre les chutes du Niagara et le Rocher Percé qu'il a nommé la « Voie du Saint-Laurent ». Auteur de nombreux articles sur la spiritualité de l'exercice pèlerin, il a également rédigé une thèse sur le sujet. Il est l'auteur du roman *Le champ d'étoiles* (Carte blanche, Montréal, 2008) et de l'essai *Marcher, parler, écouter. L'exercice pèlerin* (en collaboration avec Brigitte Harouni, Éditions Novalis, Montréal, 2021).

18

Aphorismes du chemin

Abbé Ludovic de Lander

En 2013, l'abbé Ludovic de Lander a pris le relais du père Sébastien Ihidoy, qui accueillait si généreusement les pèlerins à Navarrenx. Et il est, lui aussi, devenu pèlerin dans l'âme… et pèlerin du chemin. Ces aphorismes ont été écrits en janvier 2019, lorsqu'il est parti en plein hiver sur le Camino francés. *Ils sont le fruit de la contemplation et de l'inspiration jaillie de son cœur pendant la marche.*

Le chemin est comme ta vie : il est ce que ton cœur y met.

Ta vie a un sens, trouve-le !

On a souvent besoin d'un bâton pour avancer : épouse, père, sœur, ami… ultimement, est-ce que Dieu n'est pas mon point d'appui le plus sûr ?

Ne laisse pas l'inutile envahir ta vie, sauf s'il est beauté.

Détour forcé : on ne fait pas toujours ce que l'on veut, mais cela en vaut parfois la peine.

Quand ton bâton est tombé, relève-le ; tu pourras encore t'appuyer dessus. Simon de Cyrène l'a fait.

Ton chemin n'est pas un rail. Tu es toujours libre de le suivre, de le faire, ou de le perdre.

Et moi, quel accueil est-ce que je réserve à l'inconnu ?

Au fond de la flaque la plus boueuse se reflète encore un coin de ciel. Pareil pour les âmes.

Si tu ne t'élèves pas, comment peux-tu louer ?

La vie est peuplée d'encombrants qui, au demeurant, sont très utiles.

Si tu crois être un petit bout de rien, n'aies crainte, on fait de grandes choses avec.

Unité ne veut pas dire uniformité : chacun est différent et chacun a sa place.

Malgré mon barbelé, ma peinture est pacifique. Elle veut dire : « Bienvenue, tu es sur le bon chemin. » Fais de même avec ton sourire, malgré les épines de ta vie.

Mon paradis : la bonté au cœur de la beauté.

Si tu mets un pied sur le chemin, va jusqu'au bout.

Certaines choses te semblent absurdes ici aujourd'hui, mais ne le sont pas forcément ailleurs en d'autres temps.

Comment peux-tu venir me chercher, si je ne suis pas libre de m'égarer ?

Même la nature te montre le chemin du ciel.

Après une quinzaine d'années passées dans un monastère où il a été ordonné prêtre, le père Ludovic de Lander fut d'abord vicaire dans une paroisse de Bayonne. Il est actuellement curé de deux paroisses emblématiques du chemin de Saint-Jacques dans le Béarn : Navarrenx et Sauveterre. Son expérience du chemin fut marquée par sa participation, à 17 ans, aux Journées mondiales de la jeunesse de Saint-Jacques-de-Compostelle, en 1989. Ce « pape de feu » qu'était Jean-Paul II l'a profondément inspiré. Après ces premiers pas bouleversants avec un million et demi de jeunes, il est souvent reparti marcher, l'hiver seul, ou à la belle saison pour accompagner des étudiants, des jeunes professionnels et des paroisses. Une expérience l'a particulièrement touché :

la rencontre des « Marcheurs de l'Espérance », un groupe de personnes en précarité effectuant le chemin de Saint-Jacques. Depuis, il l'accompagne sur le *Camino*. En 2018, il a ouvert à Navarrenx la Maison Saint-Antoine, un *donativo* géré par des jeunes entre 18 et 30 ans. Chaque été, cent cinquante jeunes de toute la France viennent y accueillir les pèlerins, dans un esprit fraternel et missionnaire.

19

Une marche inspirante

Madoka Mayuzumi (Japon)

Madoka Mayuzumi, célèbre poétesse japonaise, a effectué en solitaire le Camino francés en 1999. *Tout au long de ce pèlerinage, elle a composé des haïkus, courts poèmes exprimant des émotions. Après avoir explicité ce que ce voyage a changé dans sa vie, elle commente quelques haïkus qu'elle a écrits en chemin.*

EN 1999, la lecture du livre *Le Pèlerin de Compostelle*, de Paulo Coelho, m'a révélé l'existence des chemins de Saint-Jacques, et j'ai eu envie de les découvrir. Comme il n'existait pas de guide sur ces itinéraires en japonais, je n'ai pas pu préparer mon voyage. Mais mon chemin avait déjà commencé en moi au moment où j'ai pris la décision de partir en pèlerinage.

Le 29 mai de cette année-là, je suis partie seule de Saint-Jean-Pied-de-Port vers Saint-Jacques-de-Compostelle, que j'ai atteint quarante-huit jours plus tard. Ce pèlerinage n'a pas été facile. En effet, à cette époque, les auberges n'étaient pas très confortables et il n'y avait pas toujours d'eau chaude sous la douche ! De plus, je ne parlais ni l'espagnol ni le français… J'ai donc dû surmonter pas mal d'épreuves. Mais aujourd'hui, je peux dire que ce chemin est mon trésor intérieur.

À mon retour, on m'a souvent demandé si ce pèlerinage avait changé mon état d'esprit ou le style de mes poèmes. Je ne peux pas dire que le changement ait été radical : il s'est plutôt instillé en moi en touches subtiles.

Tout d'abord, dans ma façon d'aborder les épreuves. Désormais, chaque fois que je me heurte à un obstacle, l'image du chemin de Saint-Jacques me revient et me guide. Et plus précisément le moment où j'ai vu, au beau milieu des Pyrénées, un panneau où était inscrit : « Saint-Jacques-de-Compostelle : 700 km ». Cette indication m'a déconcertée, et je me suis demandé si je pourrais vraiment atteindre ce but, en alignant mes si petits pas. En réalité, lorsque je suis arrivée à Compostelle, le nombre total de pas indiqué sur le podomètre que je portais depuis mon départ du Japon était de plus de 3 120 000. Mais je n'aurais pas atteint ces 3 120 000 pas si un seul de ces pas avait manqué. Cette sensation est gravée dans mon corps. Chaque fois que je me laisse déborder par l'anxiété ou la fatigue, résultant du travail accumulé ou des soins donnés à mes parents âgés, j'entends le chemin de Saint-Jacques me susurrer au plus profond de mon moi : « Avance pas à pas ! »

Pas à pas, lentement. Dans la société actuelle, du fait des transports qui favorisent les déplacements à grande vitesse et d'internet qui constitue un réseau d'informations ultra-rapide, nous sommes engagés, malgré nous, dans une célérité vertigineuse. Le pèlerin, lui, est adepte de la lenteur. De même, à une époque qui privilégie la rentabilité, partir en pèlerinage, c'est faire sciemment un détour dans la vie. Enfin, dans une société qui cherche à rendre la vie quotidienne la plus commode possible, voyager à pied, c'est choisir une expérience de vie difficile. Mais c'est justement dans ces circonstances que le corps et la pensée ne font plus qu'un. Quand je marche, je privilégie la pensée qui vient du corps plutôt que celle qui émane du raisonnement. Les mots qui jaillissent alors, je les appelle « poésie ». Les pensées qui surgissent de la marche empruntent en effet un circuit inhabituel, et les mots formulés sont ponctués d'un rythme particulier.

Ces poèmes qui se composent en marchant relèvent d'une tradition japonaise : les wakas, nés au VIIe siècle (5 vers de 31 syllabes), et les haïkus, nés au XVIIe siècle (3 vers de 17 syllabes). L'un des maîtres du haïku est Matsuo Bashô (1644-1694), et c'est l'un de ses poèmes qui m'est revenu en traversant les Pyrénées, alors que mon regard était attiré par des violettes isolées au milieu du sentier :

> Cheminant sur un sentier de montagne,
> Voilà des violettes, je ne sais pourquoi,
> Attendrissantes

Bien que l'espèce de violettes, le lieu et le moment où elles fleurissent étaient différents, j'étais convaincue que c'étaient *ces* violettes que Bashô avait vues : ces fleurs que l'on découvre lorsque, déjà épuisé, il faut continuer à gravir la montagne. Le fait de me remémorer ce poème me les a fait regarder différemment. J'ai eu l'impression qu'elles portaient une mémoire universelle et éternelle, qu'elles se souvenaient des difficultés et des joies ressenties par les pèlerins en passant devant elle. Ces violettes sont un vrai cadeau offert aux voyageurs !

Lorsque j'ai marché dans la nature espagnole, comme lors de mon pèlerinage de Shikoku au Japon, j'ai fini par ne plus ressentir les limites qui existent entre moi et l'autre, l'homme et la nature, ce monde et l'autre, les vivants et les morts, l'intérieur et l'extérieur, le présent, le passé et le futur. Dans la nature, les ondes de vie circulent entre les arbres, les fleurs, les oiseaux, les insectes, les vivants. Mais lorsque les limites disparaissent, les humains entrent en résonance avec la faune et la flore. Ce pèlerinage m'a rendue consciente de ce lien privilégié qui permet de vivre en harmonie avec la nature.

*

Pour rendre hommage au chemin de Compostelle qui m'a tant apporté, j'ai composé tous les jours des haïkus, avec une grande dévotion. Ces poèmes sont en effet une offrande à Dieu, à qui j'ai voulu dédier mes émotions et mon profond sentiment de reconnaissance, tout en les accompagnant de la beauté des mots. Voici quelques-uns de ces haïkus, accompagnés du contexte dans lequel je les ai écrits.

青空は神の手のひら揚ひばり

Le ciel dégagé
est la paume du Seigneur
Vol d'une alouette

Dans la Meseta, les champs de blé s'étendent à perte de vue. Jour après jour, les pèlerins marchent avec ardeur aux confins du ciel et du haut plateau. Les coquelicots ondulant au bord du chemin, les chants d'oiseaux, les troupeaux de moutons, le ciel nocturne parsemé d'étoiles : quelle beauté ! Mais je n'y évoluais pas seule. Le chemin de Saint-Jacques attire des pèlerins aux motivations diverses, dont beaucoup ont une épreuve à dépasser. Certains, ayant perdu un proche, sombrent dans la tristesse ; d'autres souhaitent reconsidérer leur existence ; d'autres encore sont découragés par la vie. Au cours de mon pèlerinage, toutes les rencontres que j'ai faites et tous les événements dont j'ai témoigné m'ont semblé reposer au creux de la main de Dieu. D'où le symbole de l'alouette, qui vole tout droit vers le ciel (c'est-à-dire vers Dieu), sans aucune hésitation.

巡礼の靴逃げ水を追ひつづけ

Toujours ils poursuivent
l'eau fuyante du mirage
Pas du pèlerin

En japonais littéraire, *nigé-mizu* (« l'eau fuyante ») désigne le mirage. Lorsqu'un mirage apparaît sous les rayons du soleil, on a l'impression de voir une flaque d'eau, au loin, sur la route ou dans les champs. Et comme on n'arrive jamais à la rattraper, on lui attribue ce nom. Au cours de mon pèlerinage, j'ai souvent vu ce *nigé-mizu.* J'ai parfois souffert physiquement ; parfois aussi, j'ai pris le mauvais chemin et erré dans les montagnes ; mais pour moi, le pèlerinage consistait à ne jamais cesser de marcher, quoi qu'il arrive. Alors que je continuais à poursuivre ce mirage qui m'échappait toujours, je me suis rendu compte que j'étais déjà arrivée à Saint-Jacques-de-Compostelle. Ainsi va également la vie : c'est l'un des enseignements que j'ai tiré du chemin de Saint-Jacques.

あるときは影に従ひ夏帽子

Par nos propres ombres
nous sommes parfois guidés
Le chapeau d'été

Sur le *Camino francés*, la flèche jaune nous indique le chemin. Puisque le chemin de Saint-Jacques se dirige tout droit vers l'ouest, notre ombre se projette devant nous durant la matinée et derrière nous durant l'après-midi. Nous marchons ainsi guidés par l'ombre de nous-mêmes. Un pèlerin que j'ai connu dans la seconde moitié du parcours m'a dit : « Tout au long de notre pèlerinage, l'ombre portée par le soleil du matin désigne notre futur et celle portée par le soleil du soir, le chemin parcouru. »

アマポーラ西班牙の日は矢のごとし

Le soleil ibère
nous perce comme une flèche
Fleurs d'*amapola*

On dit qu'en Espagne, les rayons du soleil nous transpercent. Et il est vrai que je n'ai jamais connu un soleil aussi intense au Japon. J'ai d'autant plus apprécié de boire de l'eau fraîche et de me reposer à l'ombre des arbres. Le rouge vif des coquelicots est sans doute nourri par ce soleil intense… ainsi que la passion ardente des Espagnols !

夏草に道分かれてはまた会ひぬ

Les voies se séparent,
se rejoignent de nouveau
Les herbes d'été

Ce poème est inspiré d'un haïku de Bashô :

夏草や兵共がゆめの跡

Les herbes d'été
ont poussé sur des vestiges
Rêves de guerriers

Que ce soit avec d'autres pèlerins ou les habitants des villages, chaque rencontre est unique. Un des plaisirs du pèlerinage est de retrouver, lors d'une étape, un pèlerin avec qui nous avons déjà partagé un bout de chemin. Au Moyen Âge, les jacquets ont dû également enchaîner les rencontres et les séparations.

À l'image des chemins qui se séparent ou se rejoignent, les pèlerins se rencontrent et se quittent. Si le chemin de Saint-Jacques continue à faire partie de notre vie, peut-être pourrai-je retrouver un jour les compagnons de route que j'ai quittés au cap Finisterre ?

(traduction : Kosuke Kawasaki,
Christian Faure, Asuka Ozutsumi)

Née en 1962 d'un père lui-même *haïjin* (c'est-à-dire compositeur de haïkus), Madoka Mayuzumi habite près de Tokyo. Elle puise son inspiration dans la nature et aime faire de longues marches. C'est ainsi qu'elle a effectué le *Camino francés* en 1999 et le pèlerinage des quatre-vingt-huit temples sur l'île de Shikoku, au Japon, en 2017.
Elle a publié plusieurs recueils de haïkus. En 1994, ses poèmes ont reçu le prix Kadokawa, qui l'a rendue célèbre. Remarquables par leur sensibilité romantique, ses haïkus bousculent la tradition poétique en traitant de thèmes contemporains et permettent aux jeunes générations japonaises de renouer avec la poésie traditionnelle. La même année est paru son premier livre, *B-men no natsu* (« Face B de l'été »), qui a connu un succès sans précédent pour un livre de haïkus. Depuis, Madoka Mayuzumi a publié plusieurs livres de poèmes dont l'un est traduit en français : *Haïkus du temps présent* (trad. par Corinne Atlan, Picquier poche, Arles, 2012). Elle a également publié un recueil sur chacun de ses deux pèlerinages, qui pourraient se traduire ainsi en français : *Miraculeux pèlerinage de Shikoku* et *Le voyageur des étoiles*, préfacé par Paulo Coelho.
En 2010, la poétesse fut nommée « Ambassadrice de la culture japonaise en France ». Elle enseigne le haïku à la Maison de la culture du Japon à Paris, et a lancé dans son pays le projet « Redécouvrir et redéfinir le Japon ». Elle fait également partie du Conseil national d'East Japan Railways Cultural Foundation (EJRCF). Elle est professeur associé à l'Université Kitasato, à Showa Women's University et à l'Université Tachibana de Kyoto. Elle est aussi directrice émérite du Musée mémorial de Basho à Ogaki et ambassadrice d'Iitate village, à Fukushima.

20

Fille du tonnerre

Viviane Moore

La romancière Viviane Moore a croisé à plusieurs reprises le chemin de Saint-Jacques : à travers sa passion (le Moyen Âge), ses lieux d'habitation (Lectoure, Chartres), puis à travers ses voyages, puisqu'elle y a elle-même effectué deux longues marches. Pour cet hommage, Viviane Moore a cependant choisi la fiction. Une autre façon de raconter les expériences qui affleurent en elle et d'aborder le réel. Au plus près des émotions de son personnage… et des pierres du chemin.

Je suis née en colère.

Colère contre des parents absents qui ne m'ont enseigné que la peur des autres.

Colère contre ceux qui ne méritent pas le nom d'humain, qui martyrisent leurs frères et détruisent la planète comme si elle était « jetable ».

Contre moi-même enfin, qui, à 19 ans, ne fais rien pour changer ce qui me révolte et enchaîne des petits boulots pour payer des études auxquelles je ne crois pas.

Une colère que je ne maîtrise pas, qui explose… En vain.

Je vis à Paris dans un placard de 6 m^2 où se côtoient un lit large de 70 cm, une table pliante, une étagère avec une plaque de cuisson et la douche. Heureusement, j'ai une penderie sur le palier pour les fringues et les chaussures.

Jusqu'à ce 16 mars 2020, où nous sommes tous devenus prisonniers. Gardés à vue, là où nous étions. Comme les autres – partout dans le monde, et c'était effrayant d'y penser –, j'ai passé mon temps devant les écrans, la télé, l'ordi, écoutant en boucle des chiffres de morts qui coulaient mot à mot dans mes veines, annihilant toute réflexion.

Je suis restée confinée – un mot qui avait perdu son sens originel d'exploration des confins pour ne plus signifier qu'incarcération –, subissant le poids des interdits et ruminant ma rage.

Quand, en mai, les portes se sont rouvertes, il fallait que je parte. N'importe où, mais que je parte. J'ai acheté un sac à dos, un duvet, des chaussures de marche et je suis allée à la gare la plus proche, gare de Lyon. J'ai regardé les panneaux d'affichage.

Un nom familier est apparu : Le Puy-en-Velay, berceau de ma grand-mère paternelle. C'était un signe.

Dans le train, à côté de moi, se sont assis des marcheurs, trois hommes et deux femmes. Ils ont déplié des cartes IGN et discuté chemin, variantes, puis se sont tus. Contrairement à moi, ils savaient où ils allaient. Quand le train s'est arrêté au Puy, je les ai suivis.

J'ai monté derrière eux les 268 marches – je les ai comptées – de l'escalier de pierres qui grimpe sur le flanc du piton rocheux de Saint-Michel-d'Aiguilhe. Une fois là-haut, je me suis accoudée au parapet. Le choc. La tête me tournait, j'étais ivre d'air, d'espace. Mon corps et mon esprit s'étiraient aussi loin que s'étendait mon regard.

Quand je suis sortie de ma rêverie, le groupe avait disparu. En bas, tout le monde parlait de Compostelle et du GR®65. Je me suis acheté une carte et je suis partie, emboîtant le pas à des Allemands bientôt hors de vue.

Dans la montée après Monistrol, qui mène au plateau du Gévaudan, j'ai cru mourir. Je me suis assise, à bout de souffle, sur les marches menant à une chapelle troglodyte.

J'ai observé le défilé des marcheurs. Puis le vent s'est levé et j'ai eu le sentiment d'une présence. Quand j'étais enfant, ma grand-mère affirmait que je percevais l'*anima* – l'âme, le souffle qui habite les lieux. Elle disait qu'ils gardaient notre empreinte, qu'elle soit bonne ou mauvaise… J'avais oublié.

Le Puy, Conques, Aubrac, Cahors, Moissac, Ostabat, Roncevaux. Je n'avais aucune idée de ce à quoi je m'attaquais.

Dans mon carnet s'égrenaient des noms mythiques : le domaine du Sauvage, la fontaine Saint-Roch, le chaos granitique du Baou de l'Estival… et le kilométrage de chaque étape.

J'avais mal aux pieds comme jamais, le souffle court, les jambes en bois, le sommeil difficile.

J'ai pensé cent fois que j'allais arrêter. Pourtant, chaque matin, je repartais.

Après la Margeride, l'Aubrac. Maria, la cloche des perdus et son inscription *Errentes revoco*, « *Je rappelle ceux qui errent* ». Le Roc-aux-Loups, le pont de Marchastel.

Sur le plateau d'Aubrac, comme en haute montagne ou en mer, la terre touche au ciel.

En descendant sur Espalion, il pleuvait. J'avais froid, j'avais faim, mes vêtements étaient trempés, je tempêtais quand je ne pleurais pas en silence. Mais j'avançais toujours.

J'avais l'impression de marcher à ma rencontre.

Je retrouvais des impressions d'enfance, des moments de grâce, de force aussi.

Ici, l'esprit des lieux était partout, dans une pierre gravée, un arbre centenaire, le vol d'un faucon, une source dissimulée dans les broussailles.

À Conques, pour la première fois, moi qui ne parlais à personne, je me suis mêlée à un groupe. Un pèlerin racontait l'histoire de l'apôtre Jacques, que le Christ nommait « Boanerges » : le fils du tonnerre. Jacques le Majeur était en colère, lui aussi. Mais la sienne était énergie, action, trajectoire.

Je suis repartie. Je marchais de mieux en mieux. Mon pas s'allongeait.

J'ai dépassé Figeac et débouché sur un cirque de falaises calcaires. Cajarc. Je me suis dirigée vers le gouffre de l'Antouy et ses eaux émeraude. Sur le plateau dénudé soufflait un vent terrible, les nuages défilaient. Bientôt apparut Cahors, enchâssée comme une pierre précieuse dans les eaux du Lot. Ensuite, ce fut Moissac, Abrin, la bastide de Montréal, Eauze, Nogaro, Arzacq.

Je ne pensais pas à ce que j'avais laissé derrière moi ni à ce qui m'attendait après. J'avais adopté le pas du montagnard. Les étapes se succédaient, le chemin était devenu ma vie, sans passé, sans futur. Et cela aussi était un sentiment d'enfance.

Un homme me précédait, cheminant avec un âne, lui parlant.

Il n'y avait pas de maison en vue, pas de pylônes électriques, de ville, d'autoroutes ni d'avions dans le ciel… L'emprise de notre siècle sur le monde se dissolvait sur les pierres du chemin.

Je suis arrivée à la limite du Béarn et du Pays basque. Après Aroue, j'ai rejoint Ostabat. J'ai fait un bout du GR® avec Evelyn, une Anglaise. Nous avons marché du même pas jusqu'à Saint-Jean-Pied-de-Port. Je l'ai quittée pour une nuit dans un vrai lit. Elle retrouvait des amis et j'avais envie d'être seule pour ma dernière étape.

Le lendemain, plutôt que la route Napoléon, je voulais prendre le GR®10, une sente de montagne qui rejoint les pâturages d'estive et l'hospice de Roncevaux. À peine quitté Saint-Jean par la porte d'Espagne, la montée était si rude que j'ai dû ralentir. M'attendaient 26 kilomètres avec un fort dénivelé. Quelque chose comme 7 h 30 ou 8 heures de marche durant lesquelles je n'ai cessé de prier pour que le temps ne se mette pas à l'orage.

Le vent vient de chasser la brume. Le soir tombe, le chemin descend vers Roncevaux. Je veux découvrir l'hospice à l'aube et décide de bivouaquer à l'écart dans la forêt.

Seule.

Entre les hêtres apparaissent des milliers d'étoiles. Je me sens à la fois calme et terriblement impatiente. Je touche au but, même si j'ai compris que mon chemin d'étoiles, ma voie lactée est celle que j'ai parcourue à l'intérieur de moi-même.

Comme chaque soir, j'additionne mon kilométrage, et je souris. En moi, tout est silence. Il m'a fallu 626,5 km pour dompter ma colère.

D'origine italo-irlandaise, Viviane Moore est romancière et photographe. Ses reportages et ses recherches personnelles l'ont entraînée dans de nombreux pays (Italie, Scandinavie, Japon, Spitzberg, États-Unis, etc.). Elle aime aussi voler : avion, montgolfière, planeur, tout est bon pour voir la Terre d'en haut. Mais c'est à pied qu'elle a suivi le chemin de Saint-Jacques entre Le Puy-en-Velay et Roncevaux (1997), puis de l'abbaye de Beauport à Dinan (2008). Deux romans en sont nés : *Blanc Chemin* (Le Masque, Paris, 1998) et *Le chevalier au loup* (Thierry Magnier, Paris, 2009).
Elle est l'auteur d'une quarantaine d'autres livres : une série de romans historiques mettant en scène le chevalier Galeran de Lesneven et une trilogie celte (Éditions du Masque), la saga de Tancrède le Normand et la série Alchemia (10/18), une trilogie japonaise (Éditions du Masque et Flammarion) et des ouvrages pour la jeunesse. Plusieurs de ses livres sont traduits en anglais, italien, polonais et coréen. Installée face à Saint-Malo, elle écrit également des scénarios de fictions pour le cinéma et la télévision.

21

Compostelle, le chemin de ma vie

Freddy Mouchard

Pour Freddy Mouchard, le chemin de Saint-Jacques a été une rencontre unique. En projetant de faire un film sur ce thème, il était loin de se douter que cette rencontre allait chambouler sa manière de raconter une histoire, sa manière de filmer – sa manière de vivre. Son pèlerinage, qui a commencé à l'été 2011, ne s'est pas achevé à Compostelle, ni à la sortie de son film en salles. Au Camino, *donc, qui s'est révélé à lui, il ouvre à son tour son cœur.*

Camino, tu m'as invité, je t'ai suivi, nous nous sommes rencontrés.

Les premiers jours de tournage, je t'ai approché avec détermination pour te filmer sous tes plus beaux attraits. J'étais focalisé sur mes prises de vue, tu m'as rapidement demandé de lâcher prise. Ne plus capturer une image mais apprendre à la recevoir.

Tes nuages, tes averses, tes coups de vent m'ont fait comprendre que ma volonté, mon professionnalisme n'étaient pas suffisants pour te connaître et rendre compte de qui tu es vraiment.

Je n'étais pas là pour faire un film, j'étais venu pour te rencontrer.

J'étais jusqu'alors un marcheur, tu m'as proposé d'être un pèlerin.

Je ne pouvais pas te raconter sans emprunter la porte de l'intériorité. Ton chemin physique m'a conduit à une pérégrination intime.

Ma caméra sur le dos, jour après jour, il m'a fallu du temps sur tes multiples méandres. J'ai cheminé sur tes voies pendant trois ans et demi.

J'ai compris que l'objectif n'était pas de terminer le film mais de faire le chemin. L'œuvre finale en serait le témoin. J'ai donc accepté de prendre le temps nécessaire.

Je t'ai retrouvé par intermittence et à chaque fois, je me sentais plus léger, plus serein, plus réceptif. J'allais retrouver un ami cher.

Combien de fois ai-je médité sur le sens profond du mot *ultreia* ?

Sous le poids du sac chargé de matériel et la chaleur accablante, tu m'as enseigné à transformer mes efforts en offrandes. La souffrance se transmutait pour me conduire vers des états plus subtils.

Cet engagement m'a comblé de réponses, de prises de conscience pour accueillir des images inspirantes.

Il est devenu de plus en plus facile et évident de te filmer. Tu m'as appris à devenir un simple témoin, humble, libéré de mes filtres personnels. Plus j'étais en harmonie avec toi, moins il y avait de difficultés extérieures. Moins j'étais dans la volonté et le désir, plus mon champ des possibles s'élargissait.

Tu m'as fait comprendre le sens profond de ce que peut être un pèlerinage.

J'ai dû dépasser mes contraintes physiques pour ressentir d'autres niveaux de compréhension, au-delà des mots. Tu m'as donné accès à une conscience plus large, plus universelle.

Ce sont des moments uniques, posés sur le bord du chemin comme des pépites.

Tu m'as appris à percevoir tant d'instants immenses ; le vent qui souffle dans les arbres, la majesté du pèlerin qui marche sous la pluie, la beauté d'une chapelle qui émerge du bouillard matinal, l'élégance de la fleur qui se dresse face au soleil.

Cette nourriture subtile m'a comblé. Quelle joie de savoir que la table du festin est en permanence dressée ! Maintenant, dès que je peux, je profite de ces mets délicats.

J'ai accepté ta proposition du retour à la paix intérieure qui s'est élaborée jour après jour. C'est même devenu un jeu entre nous. Comment protéger mon état d'harmonie intérieure malgré les petits incidents postés sur le parcours ?

Quand la batterie de la caméra lâche alors que tu me proposes un magnifique coucher de soleil dans un décor de forêt unique, la partie peut basculer. Grâce à ces moments-là, j'ai compris que l'essentiel, c'est de protéger mon état intérieur.

Je te remercie de m'avoir redonné le goût du jeu, comme l'enfant qui dit : « On dirait qu'on joue au candide », à celui qui ne connaît ni la frustration, ni la peur. J'étais dans la joie de la découverte et de l'expérience. J'admirais la nature, je faisais le premier pas vers l'autre pèlerin, je me suis avancé avec respect vers les édifices sacrés.

Tu m'as invité à fouler le chemin de la liberté. Je pouvais agir sans crainte. Je commençais mes journées sans savoir si j'allais filmer, si même j'allais faire un film. J'ai enregistré des instants comme des croquis griffonnés sur un calepin.

Je te remercie de m'avoir permis d'agir pour la beauté du geste.

Avec cette nouvelle règle du jeu, nous avons ouvert des espaces qui n'ont cessé de s'étendre. J'ai pu y rencontrer une créativité sans limites.

Devant la table de montage, devant toutes ces images collectées, le champ des possibles était immense. Il n'y avait plus de cheminement physique mais la pérégrination s'est poursuivie autrement. Le contexte était différent mais il a fallu de nouveau passer par des étapes de maturation profonde.

Nous avons donc continué la partie, toujours sans savoir si j'allais en faire un film.

Puis, touche par touche, l'œuvre est apparue, comme un nouveau chemin qui se réactivait. Tu as toujours été à mes côtés. Après de long mois de dialogues entre les images et le son, il était naturel de passer à l'étape suivante. Nous étions en accord tous les deux sur le film terminé.

Tu m'as alors demandé un nouvel engagement. Tu es mon ami, j'ai accepté même si cela me poussait vers un nouvel inconnu. J'ai pris en charge la distribution du film dans les cinémas.

Grâce à toi, j'ai vécu une phase essentielle de la vie d'un film.

J'ai appris à créer les conditions pour que l'œuvre puisse rencontrer son public. Nous avons repris les routes et je t'ai accompagné dans les villes et villages.

Lors des nombreuses projections et conférences, tu étais toujours là.

Quand les écrans s'éteignaient, je te voyais briller dans les yeux des spectateurs. Nous pouvions sentir ton existence dans la salle. Nos échanges étaient vivants de ta présence éternelle.

Camino, tu m'as appris à dépasser les concepts limités.

Camino, tu m'as permis de découvrir qui je suis vraiment.

Camino, tu m'as montré le chemin de l'infini.

Camino, tu seras toujours mon compagnon au-delà du temps et de l'espace.

Après des études de cinéma, Freddy Mouchard a réalisé et produit plusieurs courts-métrages de fiction, puis des séries de documentaires historiques pour la télévision. Il a ensuite écrit et mis en scène des spectacles vivants autour de l'histoire des Acadiens, présentés en France et au Canada.
Tout en développant ses créations artistiques, le réalisateur a diversifié ses connaissances techniques. Il est devenu chef opérateur de ses propres films, affirmant sa méthode de réalisation. Des compétences qui se sont renforcées avec sa participation aux activités du studio de tournage CinéSea à Tahiti. Pendant plusieurs années, son activité professionnelle s'est alors organisée entre la France et la Polynésie française.
Aujourd'hui, Freddy Mouchard travaille sur des films documentaires et de fiction qui interrogent la condition humaine en rapport avec son environnement et la spiritualité. En 2014, après avoir suivi pendant trois ans le parcours de plusieurs pèlerins cheminant vers Compostelle, il a produit

et réalisé le film *Compostelle, le chemin de la vie*, sorti au cinéma en 2015. Il vient d'achever *Réconciliation, dans les pas des cathares*, et travaille sur le film *Guérison, le retour à l'harmonie*.

22

Un chemin de résilience

Bernard Ollivier

Ébranlé par la mort de sa femme puis par sa « mise à la retraite », Bernard Ollivier avait tenté de mettre fin à ses jours. Une marche vers Compostelle lui redonna le goût de vivre. Précédé par deux prisonniers belges qui effectuaient ce chemin pour conquérir leur libération, une idée germa en lui : fonder une structure en France qui permettrait aux jeunes en grande difficulté d'effectuer des marches de rupture. Ce qu'il fit à son retour en créant l'association Seuil. À sa propre reconnaissance envers le chemin de Saint-Jacques s'ajoute donc celle de tous les jeunes résilients qui, en alignant leurs pas sur la route, sont repartis d'un bon pied dans la vie. C'est en leur nom aussi que Bernard Ollivier a écrit cette nouvelle dans laquelle, précise-t-il, « tout est inventé mais tout est vrai ».

J'ALLAIS tous les niquer. C'est ce que je m'étais dit quand le vieux, Paul, est venu dans ma cellule me parler d'une marche avec Seuil : près de 2 000 km à pied en Espagne. Un truc de ouf ! Et c'est pas tout : il fallait marcher seul avec un keum ou une meuf, et le pire, pas de téléphone, pas de musique. Un truc dingue à faire en trois mois.

Eh bien, croyez-moi si vous voulez, mais j'ai dit OK. C'est parce que j'en pouvais plus de la prison, des matons, des connards. Et je devais encore tirer quatre mois avant de retrouver la liberté, mes potes et surtout Aya. Quand Paul m'a parlé de Séville, j'ai tilté. C'est dans le sud, ce bled. Je voyais déjà des palmiers au lieu du mur derrière les barreaux.

On a commencé par un stage d'une semaine dans un coin perdu. Il y avait Clémence, la meuf qui allait m'accompagner. Il fallait que je participe à la cuisine, aux courses, qu'on fasse la vaisselle, et qu'on marche deux ou trois heures par jour, histoire de nous préparer au voyage. C'était pas trop mon truc. Mais la juge m'avait prévenu : si j'arrête, retour à la prison.

Alors, va pour les palmiers.

Avant de partir, mon éduc[1] est venu. Il m'a dit qu'il me croyait capable de le faire, ce voyage ; on passe les Pyrénées, puis on traverse le nord de l'Espagne jusqu'au bout, à Fisterra, et on redescend vers le sud et Séville. Il m'a dit qu'il cherchait une formation de plombier pour moi, à mon retour. Tu parles ! Aller mettre les mains dans les tuyaux pour gagner en un mois ce que je peux gagner en une journée en dealant, très peu pour moi ! Je l'ai laissé parler. À la première occasion, je filerai en douce. Et ce n'est pas Clémence qui m'en empêchera.

À Saint-Jean-Pied-de-Port, j'ai halluciné. On a commencé à monter, monter… Crevant ! Il faisait chaud, le sac pesait des tonnes. Clémence, qui grimpait comme un cabri, a rigolé :

— Je t'avais prévenu de prendre le moins de choses possible ! Ton sac pèse le double du mien.

1. Éducateur spécialisé de la Protection judiciaire de la jeunesse.

C'est là que j'ai commencé à regretter ma cellule. J'étais crevé, plus rien dans les jambes. Putain, c'est mal parti leur truc. Dans le dortoir, on était trente ou quarante. Ça m'a rappelé les colonies de vacances. Le lendemain matin, j'ai jeté tout ce qui pesait dans mon sac. Clémence a regardé ce que je laissais sur le lit. Je crois bien qu'elle a souri.

C'est incroyable, le nombre de gens qui sont sur ce chemin. Et il y a de tout : des gros, des jeunes, des vieux, des Américains, un Brésilien, un groupe de Coréens. Ils se parlent en anglais, ou par signes. Beaucoup parlent un peu français. John, un Canadien avec un accent de paysan, qui avait déjà fait le voyage trois fois, m'a dit :

— À 16 ans, tu es courageux de faire 700 km pour aller jusqu'à Saint-Jacques !

— C'est pas 700 que je vais faire, mais 1 800.

Je ne sais pas pourquoi j'ai dit ça, parce que pas question de les faire ces p… de kilomètres. « Admirable » qu'il a dit, admirable. C'est bien la première fois qu'on me trouve admirable.

Et le voyage a commencé. Debout à l'aube, moi qui ne me levais que vers midi. Le premier jour, j'ai refusé. On est parti les derniers, à presque 10 heures. Il faisait déjà chaud. Même avec un sac plus léger, j'en bavais. Clémence m'a dit qu'en partant tôt, on a moins chaud et on arrive plus vite. Compris ! Le lendemain, j'étais sur pied à 8 heures, mais quand même le dernier levé. On a sa fierté. Clémence filait toujours devant. J'étais tranquille, je n'étais pas surveillé de près. Je pouvais me sauver quand je le voudrais. Ce que je ne comprends pas, c'est que je ne l'ai pas fait. Peut-être parce que je ne parle pas anglais, pour m'orienter… Ah, si on avait marché en France !

Un jour, on a rattrapé un traînard, Gaëtan. J'ai discuté avec lui. Alors qu'on traversait une forêt, il s'est cogné la tête dans une grosse branche. Il n'a pas hurlé, il a rajusté ses lunettes noires et c'est là que j'ai vu qu'il était un peu aveugle. Je lui ai demandé pourquoi il faisait ce voyage alors qu'il serait bien mieux chez lui.

— Pour regarder la télé ? qu'il m'a dit en rigolant. Chez moi, je suis un handicapé, je suis à part. Ici, tout le monde me parle et au lieu de me plaindre, on m'admire.

Je ne lui pas dit mais j'ai pensé « admirable ». On était deux admirables. Je l'ai accompagné jusqu'au gîte et cette fois, je regardais bien pour qu'il ne se prenne pas une branche à nouveau.

C'est la deuxième semaine que j'ai craqué. J'en avais marre. Des courbatures, je me sentais sale. J'aurais dû faire comme Clémence, laver mes affaires tous les soirs, mais j'avais la flemme. J'ai eu envie de téléphoner à Aya, de surfer sur le web, de parler à mes copains. Tout ça était mieux que marcher, marcher. Et en plus, Clémence me demandait de marcher en silence une heure tous les jours. Moi qui suis un vrai moulin à paroles. Marre de marre. J'ai jeté mon sac par terre. Terminé pour moi. Clémence n'a pas eu l'air étonné. Le soir, au gîte, elle m'a tendu son téléphone, parce qu'elle en avait un, elle. C'était Paul. On a parlé. J'ai dit OK, je marche encore demain et après, j'arrête. Le lendemain, Clémence m'a dit :

— Profite de ton heure de silence pour réfléchir à ce que tu vas dire à Aya. Elle va t'appeler ce soir.

Les heures m'ont paru lentes jusqu'à ce que le téléphone sonne. La voix d'Aya, fraîche et chaude à la fois. Je l'adore, cette meuf.

— Salut Sam, qu'elle m'a dit. Tu me manques. Je pense tous les jours à toi.

— Je te manque ? Alors tu vas être contente, j'arrive. J'ai vidé mon sac. Marre de marre, j'arrête. Il y a eu un grand silence et elle a enfin reparlé, sa voix était dure.

— Tu veux rentrer ? Pour quoi faire ? Retourner en prison ? Recommencer tes conneries ? Je te croyais plus fort. Tu es fatigué ? Moi aussi je suis fatiguée d'espérer que tu vas faire un effort pour t'en sortir. Et à chaque fois, tu recommences ton cirque. Si tu abandonnes, pas la peine de chercher à me voir. Moi aussi, marre de marre comme tu dis.

Et elle a raccroché.

Après une mauvaise nuit, je suis reparti. Elle me croyait *plus fort*. On voit bien que c'est pas elle qui monte toutes ces côtes. Mais après tout, je vais lui faire voir. Et ce jour-là, j'ai marché plus vite que Clémence. Les jours d'après, on m'a vu me lever avant 6 heures et j'ai commencé, c'est drôle, à aimer les moments de silence. Pour réfléchir.

Un soir, dans un gîte, c'était un mec sympa qui tenait la boutique. On a bavardé. Je lui ai raconté que je sortais de prison. Et à nouveau je me suis vanté : ouais, je vais aller jusqu'à Séville. Après le repas, il a discuté avec quelques marcheurs puis il a dit très fort :

— Ce soir, il y a quelqu'un à qui je veux tirer mon chapeau. Sam, veux-tu raconter pourquoi tu es sur le *Camino* ? Je suis sûr que ça intéressera tout le monde.

J'ai rigolé. Non, non… Il a insisté. Tout le monde me regardait. Alors j'ai raconté, Seuil, le contrat avec la juge des enfants. J'ai oublié de dire que je sortais de prison. Je crois bien qu'à cette minute, je l'avais réellement oubliée, la prison.

On est arrivé à Séville un samedi après-midi. Clémence m'a offert un déjeuner sur une terrasse au soleil. On était bronzés tous les deux. J'ai demandé à aller me baigner dans la Méditerranée.

Au retour, Aya était là.

Je commence mon stage de plombier la semaine prochaine.

Bernard Ollivier a mené une carrière de journaliste politique, sportif et économique. Suite au décès de sa femme et à son départ en retraite, en 1998, il s'est mis en route vers Saint-Jacques-de-Compostelle à partir de Paris. Il évoque cette aventure dans *La vie commence à 60 ans* (Phébus, Paris, 2008 ; Libretto, 2012). En 2000, il fonda l'association Seuil, qui a pour but la réinsertion des jeunes en grande difficulté par la marche, notamment sur les chemins de Compostelle. Une aventure qu'il raconte dans *Marche et invente ta vie. 2 000 km à pied pour tenter de se reconstruire* (Arthaud, Paris, 2015 ; Arthaud poche, 2017).
Puis il entreprit une longue marche de 12 000 kilomètres d'Istanbul à Xi'an, sur les routes de la soie. Le succès de *Longue marche* (4 volumes, Phébus, Paris, 2000 à 2016 ; Libretto, 2012 à 2018), qui relate cette expédition, soutiendra le développement de l'association Seuil. Bernard Ollivier a également publié deux autres récits de voyage, sur les chemins du Mont-Saint-Michel (*Sur le chemin des ducs. La Normandie à pied, de Rouen au Mont-Saint-Michel*, Phébus, Paris, 2013 ;

Libretto, 2015) et sur un voyage de 1 000 kilomètres à pied et en canoë sur la Loire, depuis sa source au mont Gerbier-de-Jonc jusqu'à son embouchure à Nantes (*Aventures en Loire*, Phébus, Paris, 2009 ; Libretto, 2012). Il a aussi publié un recueil de nouvelles (*Nouvelles d'en bas*, Phébus, Paris, 2012 ; Libretto, 2013) et un roman (*Histoire de Rosa qui tint le monde dans sa main*, Phébus, Paris, 2013), ainsi qu'un livre sur les citadins qui s'installent à la campagne (*L'essence de la vie. Ils quittent la ville pour vivre de la terre*, Arthaud, Paris, 2019).

23

Franchir un cap

Patrick Poivre d'Arvor

Pendant vingt et un ans, Patrick Poivre d'Arvor, regardé chaque soir par 10 millions de téléspectateurs, fut l'un des journalistes les plus médiatiques. Son départ de TF1, en juillet 2008, coïncida étrangement avec sa dernière étape sur le chemin de Saint-Jacques, qu'il avait commencé en août 2001. Durant huit étés, il enchaîna en effet, par tronçons, la voie du Puy-en-Velay puis le Camino del Norte. Chronologie d'une rencontre impromptue : celle d'un journaliste et d'un chemin de pèlerinage qui, au terme d'un lent apprivoisement mutuel, allait se révéler salutaire.

Un chemin qui est venu à moi

Je peux dire que ce chemin s'est présenté à moi. Dans mon enfance, lorsque nous parlions en famille de l'origine de nos prénoms respectifs, mon père m'avait raconté l'histoire de saint Jacques le Majeur. Il portait en effet le prénom de cet apôtre. Et l'épisode de la translation de ses reliques dans une barque de pierre, guidée par la main – ou plutôt l'aile – d'un ange, avait de quoi enflammer l'imagination de l'enfant que j'étais. Puis, plus tard, nous avons fait un voyage familial en

DS de Reims à Saint-Jacques-de-Compostelle. À notre arrivée, le 25 juillet, nous avons célébré avec une foule enthousiaste la fête de l'apôtre. Je me souviendrai toute ma vie de cette ville si animée et des immenses processions qui duraient toute une journée. Ensuite, lorsque, durant ma carrière professionnelle, j'ai rencontré Pierre Barret et Jean-Noël Gurgand, tous deux journalistes et auteurs du célèbre livre *Priez pour nous à Compostelle*, ils posèrent une troisième pierre sur ce chemin qui devait me conduire, un jour, à l'emprunter moi-même.

Et j'ai pris la route !

Je ne crois pas au hasard, mais c'est une anecdote apparemment banale qui a déclenché ce départ. Durant l'été 2001, alors que je jouais avec un ami au tennis à Castet-Arrouy, dans le Gers, nous avons entendu des bruits insolites sur la route. Nous avons interrompu notre partie et sommes allés voir. C'était une randonneuse, vêtue à l'ancienne, accompagnée d'un âne. Elle nous a expliqué qu'elle faisait le chemin de Compostelle et que sa prochaine halte était Lectoure. Cette rencontre piqua ma curiosité et raviva mes souvenirs d'enfance. Le lendemain, avec quelques amis, nous avons nous-mêmes effectué cette étape à pied. Puis, les jours suivants, j'ai poursuivi ce chemin, en revenant chaque soir chez mes amis et en repartant chaque matin du lieu où j'étais arrivé la veille. Cet été-là, j'ai traversé le Gers et les Landes, sur la voie du Puy-en-Velay. Puis, l'année suivante, j'ai souhaité recommencer cette voie depuis son départ, dans la capitale historique du Velay.

Un tête-à-tête de vérité

Je porte en moi l'immense souffrance d'avoir perdu trois filles. La première, Tiphaine, a été victime de la mort subite du nourrisson. Garance n'a pas vu le jour : ayant eu un accident de voiture, sa mère a perdu ce bébé juste avant le terme de sa grossesse. Enfin, Solenn, désespérée par son anorexie, mit fin à sa vie en 1995, à 19 ans. Depuis lors, je redoute la période des vacances estivales qui me procure un pénible sentiment de vacuité. À quoi bon connaître le bonheur s'il n'est pas partagé ?

C'est aussi la raison pour laquelle j'ai grandement apprécié de prendre la route, en ce matin d'août 2001, au départ du Puy-en-Velay. Durant cette première année, où j'ai marché jusqu'à Nasbinals, j'étais animé par la curiosité. Je suis parti le bourdon à la main mais sans coquille sur mon sac ni crédenciale en poche : plutôt donc comme un vagabond que comme un pèlerin. En tant que journaliste, je voulais aussi savoir ce qui motivait les jacquets, ce qui les poussait à effectuer cette longue marche. Puis je me suis pris au jeu. Je suis moi-même entré dans l'aventure du chemin.

Je suis donc reparti l'année d'après, et les étés qui suivirent. J'ai ainsi effectué les 1 600 kilomètres du Puy-en-Velay à Saint-Jacques-de-Compostelle (par le *Camino del Norte*) en huit ans. Une longue période où j'ai connu une lente évolution. Au début, cette marche était un défi. Puis j'ai de plus en plus aimé ce chemin. Il m'a apprivoisé, à moins que ce ne soit le contraire ! Il m'a enseigné la lenteur, à moi qui ne connaissais que la frénésie de l'actualité. Il m'a aussi invité à m'interroger, à entrer en moi – un exercice que je ne prenais pas le temps de pratiquer. Car comme le dit Edgar Morin : « À force de sacrifier l'essentiel pour l'urgence, on finit par oublier l'urgence de l'essentiel. » Pendant ce voyage, je me suis en quelque sorte « déconditionné » de l'urgence dans laquelle j'étais plongé, pour retrouver le fil de l'essentiel.

La nostalgie de la quête

Année après année, j'ai également appris à apprécier la marche. Auparavant, j'étais plus adepte de la course, et ce mode de déplacement lent ne me paraissait pas convenir à notre génération. À chaque étape, je m'enhardissais. Et j'en étais heureux. Je découvrais en effet que mettre un pied devant l'autre était à la fois le geste le plus banal et le plus essentiel. J'ai aussi compris que pour avancer, il faut un but. Même si l'on a un doute sur l'authenticité des reliques conservées à Saint-Jacques-de-Compostelle, ce lieu agit comme un aimant. On peut comparer cette pérégrination à la quête du Graal : on ne sait pas si cet objet mythique existe mais il nous fait avancer !

Comme les pèlerins, j'aimais m'arrêter dans les églises. Je ne manquais jamais d'y allumer un cierge à la mémoire de mes chères filles disparues. Quand on me demande si je suis croyant, je réponds que j'aimerais l'être, et que certaines coïncidences m'interrogent. Je pense aussi souvent à la parabole attribuée au poète brésilien Adémar de Barros, évoquant un homme qui marche sur le sable en laissant un double sillon de traces de pas. Lorsque, à la fin, les deux séries de traces se confondent, l'homme interroge son Dieu en maugréant : « Seigneur, tu m'as dit que tu étais avec moi tous les jours de ma vie. Mais j'ai remarqué que dans les pires épreuves, il n'y avait qu'une seule trace de pas derrière moi. Je ne peux pas comprendre que tu m'aies laissé seul dans ces moments-là. » Et le Seigneur de répondre : « Mon fils, je ne t'ai jamais abandonné ! Les jours où tu n'as vu qu'une seule trace de pas sur le sable, ces jours d'épreuves et de souffrances, c'était moi qui te portais ! » Cette histoire est magnifique, et j'aimerais y adhérer. Cependant, malgré ce désir de croire, je n'ai pas la foi chevillée au corps. En revanche, je prononcerais volontiers les paroles de Stefan Zweig, que j'ai mises en exergue de mon livre *À demain ! En chemin vers ma liberté* : « Peut-être notre véritable destin est-il d'être éternellement en chemin, sans cesse regrettant et désirant avec nostalgie, toujours assoiffés de repos et toujours errants. »

Fin d'un cycle

Ma dernière étape du chemin a été très particulière. Le 10 juillet 2008, je présentais mon dernier journal sur TF1, après l'avoir assuré pendant 21 ans. Au lieu du traditionnel « À demain », je l'ai conclu ainsi : « Comme on dit en Bretagne, À Dieu vat ! », ce qui signifie « À la grâce de Dieu ». Un mois plus tard, je me trouvais à San Román de Retorta, en Espagne, sur le *Camino del Norte*, pour achever ma marche vers Saint-Jacques-de-Compostelle, distante de 200 kilomètres. L'avant-veille, à l'île de Ré, j'avais rencontré Jetsun Pema, la sœur cadette du Dalaï-lama ; elle m'avait offert un *kata*, écharpe de soie blanche familière aux bouddhistes. J'ai porté cet objet sacré autour du cou pendant ces derniers jours de marche, espérant que mon cœur endolori trouverait ainsi apaisement et consolation. « Au bout de votre chemin, il y aura la paix », m'avait en effet assuré Jetsun Pema. Après avoir atteint Saint-Jacques-de-Compostelle, j'ai poursuivi jusqu'au cap Finisterre. Ce fut un moment très émouvant. Ce paysage majestueux me rappelait la Bretagne qui coule dans mes veines. Là, dans la cavité d'un rocher, j'ai brûlé cette écharpe blanche. C'était pour moi une manière de clore un cycle et d'envisager une nouvelle étape de ma vie.

Le temps du partage

Déjà, sur la voie du Puy-en-Velay, au début du mois d'octobre 2004, mon fils François m'avait rejoint pour traverser le Gévaudan et l'Aubrac. Il avait alors 9 ans, et ce fut pour lui une merveilleuse aventure. À tout moment, dans ce paysage enneigé, il s'attendait à voir surgir la fameuse bête du Gévaudan dont je lui avais raconté l'histoire ! Pour moi aussi, ce fut l'un des moments les plus forts de ce chemin. J'ai ensuite partagé ma pérégrination avec des amis qui me rejoignaient pour quelques étapes. Le restaurateur Gilbert Costes, par exemple, natif de l'Aveyron, qui m'a accompagné pour l'arrivée à Conques. Ce fut pour lui un retour aux sources. J'ai également transmis ma passion pour cet itinéraire mythique à ma fille Dorothée, qui a réalisé, en 2006, le documentaire *Chacun son chemin*.

En ce qui me concerne, un nouveau cycle a débuté à la fin de ce voyage. Dire que j'ai trouvé la paix serait exagéré, mais je crois avoir acquis une certaine plénitude et une forme de sagesse. Depuis lors, mes activités journalistiques ont fait place à davantage de création : concerts, lectures, mise en scène d'opéras. Je repense souvent à ce chemin, et je relis de temps à autre les cahiers Moleskine dans lesquels j'ai tenu mon carnet de route. Cette route qui m'a entraîné bien plus loin que je ne l'imaginais, et qui fut pour moi une étape décisive : un chemin d'intériorité où j'ai conquis ma liberté. Pour cela, je la remercierai toute ma vie !

Après des études à Sciences-Po, à l'Institut national des langues et civilisations orientales, à la faculté de droit et au Centre de formation des journalistes, Patrick Poivre d'Arvor a commencé sa carrière sur France Inter, où il exerça pendant quatre ans. De 1975 à 1983, il présenta ensuite le journal de 20 heures sur Antenne 2, puis de 1987 à 2008, celui de TF1. Parallèlement, il anima également les émissions *Ex-libris* puis *Vol de nuit*, la littérature étant l'une de ses autres passions.
Il a écrit une soixantaine d'ouvrages, dont certains en collaboration avec son frère Olivier. Parmi ceux-ci : *Les enfants de l'aube* (Lattès, Paris, 1982), *Lettres à l'absente* (Albin Michel, Paris, 1993), *L'irrésolu* (Grasset, Paris, 2000) et *Disparaître* (Gallimard, Paris, 2006). Dans son livre *À demain ! En chemin vers ma liberté* (Fayard, Paris, 2008), il mêle le récit de sa marche vers Compostelle et celui de son départ de TF1.

24

À quoi sert saint Jacques ?

Jean-Marc Potdevin

Le chemin de Saint-Jacques joua un rôle capital dans l'existence de Jean-Marc Potdevin. Pris au piège de la recherche du succès dans les startups et les nouvelles technologies, courant après le temps, il se rend compte un jour qu'il risque de passer à côté de sa vie. Il démissionne alors pour se consacrer à sa femme et ses quatre enfants. Puis, quelques années plus tard, sentant qu'il retombe dans l'activisme, il se met en route vers Saint-Jacques-de-Compostelle, à partir de Saint-Martin d'Uriage (Isère). Voici son témoignage plein de gratitude.

L'APPEL à faire le chemin de Saint-Jacques est tombé sur moi brutalement, au printemps 2008, sans n'y rien comprendre. Il fallait que je parte, vite, seul. Depuis chez moi dans le Dauphiné, sans même savoir où était Compostelle. J'étais alors assez éloigné de l'Église, et ma vie spirituelle était aussi sèche et inexistante que celle de beaucoup de mes contemporains. J'avais entièrement désappris à prier. J'étais « dans le monde ». J'ai envie d'ajouter, avec recul, « dans le piège du monde ». La furie de l'activisme, la course à la réussite professionnelle et personnelle, à la consommation des plaisirs du monde. Une course à la reconnaissance (la vaine gloire), à l'argent (qui aurait dû me rendre libre, indépendant, et m'assurer la sécurité) et à l'action : quoi de mal pour un ingénieur que de mettre son énergie, son intelligence et sa force au service du « progrès technologique », de la construction de nouveaux services pour l'usage de tous, dans ce nouvel *eldorado* qu'était internet et le web ? Comme pour la conquête du Far West, la seule limite de nos startups était le temps. Le temps de prendre possession du territoire avant les autres. D'établir notre domination sur un marché. De « disrupter » les habitudes. Il fallait juste aller vite et combler un besoin.

Aller vite vers où ? Vers quoi ? Ce n'était pas la question, tant qu'on amenait des solutions qui permettraient aux autres d'aller à leur tour plus vite dans leur besogne ; plus vite pour consommer, pour s'informer, pour voyager, pour acheter ou vendre. Et, au passage, capter ainsi la valeur de ce temps gagné. Temps gagné sur quoi, et pour quoi faire ? Temps gagné de façon maladive : vivre vite mais pour aller où ?

Combler notre soif de vie, remplir notre vide intérieur, ou chercher à se rassasier d'un besoin de plénitude en courant la bouche ouverte pour nous remplir du vent de notre propre course vaine est certainement voué à l'échec. Au dessèchement de soi. À la mort. C'est pourtant, à peu près, la seule perspective proposée à nos contemporains, depuis l'école jusqu'à la vie professionnelle en passant par l'université : ignorer notre besoin de transcendance ; taire l'existence de l'âme ; ridiculiser notre soif du divin ; nier l'existence même de l'action de la grâce dans le monde ; oublier la quête primordiale de toute vie humaine sur terre.

Mon chemin de Saint-Jacques m'a extrait de cette boue, de la roue de hamster dans laquelle je courais sans but, et sans avancer. Il m'a tiré de la vase du gouffre dans laquelle je m'enfonçais en gesticulant vainement ; m'a sorti du désespoir, en fait, dans lequel je sombrais sans m'en rendre compte. Sans le comprendre, ni le chercher, j'ai commencé à expérimenter la joie de la lenteur, la beauté de la Création, le silence et le calme. La pluie m'a lavé. La marche a apaisé mes pensées. Le silence de la nature s'est fait intérieur. La solitude choisie a coupé le bruit des mondanités. Les villages, les architectures laissées par les anciens, les calvaires, croix, cathédrales, chapelles, statues mariales et niches enchâssées dans les murs des maisons me semblaient surgir du passé pourtant pas si lointain des terres que nos aïeux croyants avaient façonnées, et que notre postmodernité aimerait tant effacer, méprisant les pratiques qu'elle ringardise du haut de sa superbe toute-puissance, idolâtre de sa propre technique ; idolâtre d'elle-même, en fait. Les douleurs aux pieds me décentraient du nombrilisme pour me ramener à la réalité incarnée : « Comment va ton genou ? » La dépendance à l'accueil pèlerin – la soupe chaude, le vin et un lit le soir pour dormir – me poussait à l'humilité et à la reconnaissance du besoin de l'autre, à contre-courant de l'individualisme intégral du siècle, à contre-courant du transactionnel : oui, il existe un mode de relations gratuites entre hommes.

Le chemin de Saint-Jacques est une méthode pour voir Dieu. Il peut se comparer à l'ascèse du moine chartreux, retiré du monde, seul dans sa cellule nichée au cœur du plus bel écrin de verdure, seul dans son désert choisi, fait de silence et d'obéissance, dans une profonde démarche intérieure de lente maturation au divin, de contemplation. Mes dix premiers jours de marche et de tendinites, d'Uriage au Puy-en-Velay, ont été une étape étonnante d'incarnation et de purification, qui m'a permis de laisser derrière moi le vieil homme tordu. De laisser se déposer mes noirceurs sur le bord de la route. D'apprendre à repérer puis reconnaître l'action de la Providence, qui ne manque pas rapidement d'agir dès lors qu'on l'observe et l'accepte. Une sorte de noviciat accéléré.

Dix jours de purification pour me préparer à *la* rencontre. Celle avec le Christ. Le Roi. Expérience mystique, sensorielle, surnaturelle, majestueuse, bouleversante. Il manque les mots pour décrire l'union nuptiale du Créateur et de sa créature. Rencontre avec ma raison d'être. Un face-à-face pour m'enseigner l'amour. Le surgissement de la grâce qui, soudain, éclaire tout. Des mots entendus pour me garder à ma place. Une nouvelle dimension dans l'espace-temps pour comprendre le véritable enjeu, ce qui se passe en sous-jacent : le véritable combat sous la croûte de surface visible des choses du monde.

Cette conversion radicale fut une renaissance ; il nous faut renaître d'en haut. Il m'a fallu réapprendre à vivre dans un monde où les règles du jeu s'étaient totalement inversées, la logique de l'Évangile étant radicalement opposée à celle du monde : les derniers sont premiers ; ce que je possède me possède ; je garde ce que je donne et je perds ce que je veux garder ; les humbles sont élevés, les riches repartent les mains vides ; celui qui veut gagner sa vie la perdra ; la mort est un passage vers la vie ; les cœurs purs voient Dieu, les superbes sont dispersés… Depuis ce jour, le 1er mai 2008 vers 17 heures, jour de la fête de l'Ascension, je suis devenu son témoin actif. Une douzaine d'années après cette expérience radicale, je vis désormais pour et par le Christ.

J'ai rencontré un jour, par hasard, un prêtre en voyage à Paris, dont la paroisse se trouvait sur le chemin, qui me posa cette question saugrenue : « À quoi sert saint Jacques ? » Je me suis alors interrogé. On connaît bien le rôle de saint Pierre. Celui de saint Jean aussi, le disciple préféré de Jésus. Tous trois lui étaient une sorte de garde rapprochée. Il leur réserva l'inouïe vision de sa Transfiguration au Thabor – vision de sa lumière – et leur donna d'assister à son agonie à Gethsémani – les ténèbres du monde. Mais Jacques, dit le Majeur, frère de Jean, premier des apôtres à verser son sang en témoignage de sa foi au Christ – il fut décapité vers l'an 44 à Jérusalem par Hérode –, quel est son rôle ? Je n'avais pas de réponse.

Devant mon silence, ce prêtre m'en proposa instantanément une : « ramener les personnes au Christ ». J'étais abasourdi. C'était évident. C'était mon vécu. L'expérience de nombreux pèlerins aussi, à qui j'ai pu parler sur le chemin : « avant, je ne m'aimais pas » ; « la grâce m'a saisie, pas loin de Compostelle, le soir sous la douche » ; « moi, ça s'est passé pendant la traversée de la Meseta »… Retournement de vie. Élévation vers le divin. Retour vers le sens du sacré.

Saint Jacques extirpe l'homme moderne des convoitises de sa réalité terrestre. Entité « composite » faite de matériel et d'immatériel en profonde unité substantielle, il peut exercer sa liberté profonde et choisir de sortir vers le haut, lui qui est « capable de Dieu », plutôt que de s'engluer vers la chair de notre animalité, de se réaliser vers ce qui est au-dessus de lui plutôt que de sombrer dans son « en dessous », dans ses déterminismes biologiques, génétiques ou sociaux qui sont autant de servitudes – esclave de ses propres pulsions –, et plutôt que de choisir de régresser vers ces formes de vie inférieures, de laisser son âme prendre son envol vers l'Esprit en y entraînant le corps.

Saint Jacques est là pour nous rappeler de choisir la vie plutôt que la mort : son chemin est une mise en mouvement, une démarche pleinement humaine vers l'Homme vraiment libre.

Diplômé de l'ISEN (École d'ingénieurs des hautes technologies et du numérique), Jean-Marc Potdevin travailla successivement chez Schlumberger Limited (entreprise multinationale de services pétroliers) et Kelkoo (comparateur de prix), puis il fut vice-président ingénierie de la société web Yahoo !.
Pendant l'ascension du Kilimandjaro (Tanzanie), il fut victime d'un œdème pulmonaire et échappa miraculeusement à la mort. Se rendant compte que sa vie manquait de sens, il démissionna en 2006 pour se consacrer à sa femme et à ses quatre enfants, voyager, faire du sport, s'occuper en tant que *business angel* dans des startups.
Mais cette pause professionnelle ne résolut pas la question de sa recherche de sens, et ne guérit pas sa boulimie d'activisme. C'est alors qu'il céda à l'appel de Compostelle, où il vécut une conversion bouleversante qu'il raconte dans son livre *Les mots ne peuvent dire ce que j'ai vu : l'expérience mystique d'un business angel* (Éditions de l'Emmanuel, Paris, 2012 ; nouvelle éd. 2018). Dès lors, sa vie changea de cap. En 2012, il fonda le réseau social Entourage pour venir en aide aux sans-abri, qu'il préside aujourd'hui. Il est également vice-président de Qapa, une plateforme d'intérim en ligne qui s'appuie sur l'intelligence artificielle pour lutter contre le chômage. En 2018, il a publié *Humains dans la rue. Histoires d'amitiés avec ou sans abri* (Éditions Première Partie).

25

Rebondir vers Conques

Alexandre Poussin

En octobre 2020, Alexandre Poussin a encadré une marche entre Nasbinals et Conques dont le thème était : « Rebondir en temps de crise. » En accompagnant ces dix pèlerins et pèlerines, le voyageur souhaitait aussi honorer une promesse faite à son père sur son lit de mort : réaliser un rêve qu'il n'avait pas pu accomplir, emporté prématurément par la maladie de Charcot. Cette marche, effectuée dans des conditions météorologiques difficiles, lui a inspiré ce poème.

Onze pèlerins perdus dans la tempête Alex,
Par le grésil et le vent de l'Aubrac,
Guidés par des murs de galets imitant les hêtres noueux,
Pierre et pulpe lichénifiées en grisaille.
Clarines et mugissements dans le coton froid.
Fondrières à contourner sous le regard d'arbres têtards aux bras tendus,
Témoins spectraux et silencieux.
Basaltes noirs et luisants dans les montées,
Succion des pas dans la boue sombre des creux,
Milans noirs emportés par une rafale.
Domerie d'Aubrac aux portes closes et aux terrasses lugubres,

L'église bienveillante accueille les pèlerins trempés.
Sa vocation.
Sur ses dalles de granit centenaire
S'égouttent nos capes et tombent nos miettes.
Bien-être intemporel, temps et tempête suspendus derrière les épais murs.
Descente dans le déclin du jour,
Murs moussus capitonnés de velours,
Lambeaux de brumes sous les bouleaux, tunnels de noisetiers, haies d'honneur.
Sorbiers écarlates : garde-manger pour les oiseaux et pèlerins d'hiver.
Frênes émondés pour gaver les aubracs : secret de fabrication du persillage et du fromage.
Et ces ruisseaux et ces cascades et ces chants d'eau dans les sous-bois.
Le « poc » des grosses gouttes sur les feuilles.
Pas de vue. Beautés discrètes et champêtres.
Rusticité des bovidés debout, vent-debout, à ruminer sous les hallebardes.
Fougères roussies, écailles de poissons des toits de lauzes.
Épaisses cheminées fumoirs. Ruines des Trente Glorieuses.
À relever.
Voie romaine. Lestrade. Merci les Romains !
Merci le four à pain. Deux chats, un chien. Pour les miettes.
Et l'éleveur pour le café. Merci l'Homme !
Descentes et cascades. Le chemin est-il un torrent ?
Ou l'inverse. Hérissons roux des châtaignes en moelleux tapis,

Cailloux de quartz semés par un poucet géant vers un lointain bercail,

Et la pluie, la pluie, la pluie.

Tout descend !

Seul le clocher tors de Saint-Côme-d'Olt

Se redresse au-dessus des rues courbes et des maisons penchées.

Gîtes à forte gîte, beautés organiques faites pierre,

Château fort, portes cochères, tour octogonale,

Cimetière de métiers morts, décor figé des temps passés,

Dieu que ces ruelles ont dû bruire un jour !

Village pétrifié peuplé de fantômes, nos ancêtres. La vie s'en est allée…

Trio des frères Castelnau : un magistrat député, un généralissime, un ingénieur des mines

Et leurs six enfants tombés au champ d'honneur.

Parois palimpsestes du temps : arches comblées, linteaux, meneaux, fenestrons murés,

Pierres saillantes, œil-de-bœuf éborgné, corbeaux abolis et vieux torchis,

L'été sans doute, une illusion de vie…

Saint-Hilarion, Espalion, Saint-Pierre,

Martyrs et guerres, mauvais souvenirs de mille ans :

Sarrazins, faiseurs de saints.

Se percher, se remparder, s'emmurer : stratégies de survie.

Tombe de la famille Martel comme signe sous le donjon en ruines :

Un rappel et un clin d'œil. Celui d'un mystérieux photographe avec trépied et chambre noire

Et son fils pour témoin.

Chapelle haute de Bessuéjouls. Templière et fantasmatique. Thébaïde pour croisé.

Divin presbytère. Malle-poste ? Merci à l'amateur qui a planté un jour ce séquoia géant.

Dieu que la France est belle !

La Verrière, Beauregard, vignes, moulins et autarcie !

Dieu que le monde est loin !

Murets chenus et obstinés : sueur des aïeux. Pour libérer et labourer la terre.

Montée trapue dans le rougier jurassique sur le causse de Briffoul.

Des brebis et des dalles calcaires pour couvrir les bories.

Un vieil homme au verbe rocailleux fourche de la luzerne pour ses chèvres.

Casquette et bleu de travail.

Estaing : irréfragable, incoercible.

Cri des choucas plaintifs. Iconique forteresse

Productrice de héros, de saints, de seigneurs, d'amiraux,

Une volée de cloches nous sonne la messe.

Un prêtre paysan, jovial et léger nous catéchise l'Annonciation.

« Que tout se passe selon ta parole ». Amen, fille de Sion !

Saint Fleuret thaumaturge, châsse d'or pour ses vieux os du ve siècle.

Des larmes pour Stéphanie.

Saint Roch à la rescousse.

Une bougie.

Des larmes pour mes parents

Qui auraient tant aimé ce chemin…

Qui était fait pour eux…
Que j'ai fait pour eux.
« Dehors guérit » a dit Stevenson.
Que ne sont-ils sortis !
Priorité prioritaire !
Rome, Saint-Jacques, Jérusalem,
Dans l'ordre ou dans le désordre :
Tiercé toujours gagnant.
Sentiers de chênes centenaires, prés bordés de noyers, de pommiers et de poiriers
Pour nourrir les justes,
De burons et de sécadous,
Pour abriter starets et saddhus.
Y a-t-il un marcheur fou qui Forrest-Gumpise ce chemin ?
Allers-retours jusqu'au repos final
sous un cairn ?
Sieste en plein pré : le Seigneur n'est-il pas mon berger ?
Et moi sa brebis égarée…
Important, la sieste !
Béatitude sous la protection d'une buse silencieuse et d'un geai braillard
Détachement, lâcher-prise, petit somme et le soleil pour récompense.
Chère Françoise et ses dix-huit confitures sauvages.
Un lapin roux épris de liberté, à l'orée du chemin.
Une maison de hobbit pour paradis :
Une vue, un chat, un potager, deux chaises de fer en toi et moi. *What else ?*
Sommes-nous dans la Comté ?

Un taureau au pré avec madame et un devoir. Père peinard !
Golinhac, Espeyrac, Sénergues, divins calvaires,
Églises carolingiennes libératrices de chants.
Il y a toujours des talents cachés.
Huit tonnes d'uranium ont été tirées ici d'une combe comblée.
Il y a toujours des trésors à découvrir.
Semelles de vent sur le plateau.
Dernier regard, par-dessus l'épaule, sur l'Aubrac au loin, dans le bleu pâle.
Avant de plonger sur Conques.
Les cuisses cuisent, les genoux flageolent, le palpitant palpite,
L'âme est inquiète et sereine à la fois.
Arrivée discrète et modeste, en humbles pèlerins, par-derrière, à petits pas,
D'un coup d'un seul, parmi les toits, dans la beauté,
La grandeur, la pierre refondée selon un ordre immémorial, détaché du roc,
Une ruche aux mille cellules
Riches d'un miel de l'esprit et d'un saint nectar !
Trésors immatériels.
Chants de chanoines et champs de lumière
Soulagent les âmes et les corps fourbus.
Ravivent la flamme de la foi.
Le tympan nous narre la geste éternelle
De nos responsabilités.
Et le juge au milieu, dans sa mandorle.
Rebondir, c'est vivre en vérité, dépouillé des errements passés.
Dérouillage cathartique et salutaire.

Au chevet nous accueillent onze sarcophages vides
Et nos vies à vivre pleinement d'ici là,
Avant de les remplir ici-bas,
Ici ou là.

Son diplôme de Sciences-Po en poche, Alexandre Poussin a effectué en 1994 un tour du monde à bicyclette avec Sylvain Tesson. Pendant un an, ils ont parcouru 25 000 km et traversé 35 pays : une aventure relatée dans *On a roulé sur la Terre* (Robert Laffont, Paris, 1996). En 1997, après un DEA de sciences politiques, il traversa l'Himalaya, toujours en compagnie de Sylvain Tesson. Les deux aventuriers relatèrent ces six mois de voyage dans le livre *La marche dans le ciel* (Robert Laffont, Paris, 1999) et dans un film qui leur ouvrira les portes de la télévision, où ils co-présenteront le magazine *Montagne* pendant deux ans.
Pour son troisième voyage au long cours, Africa Trek, réalisé avec son épouse Sonia, Alexandre Poussin releva un autre défi : marcher pendant trois ans le long de la vallée du Rift, du cap de Bonne-Espérance au mont des Béatitudes, pour refaire le voyage des premiers hommes. À leur retour, ils publièrent le récit *Africa Trek* (Robert Laffont, Paris, 2 tomes, 2004 et 2006) et réalisèrent une série documentaire diffusée sur France 3.
Le temps d'élever deux enfants, de retaper une vieille maison en vallée de Chevreuse et d'écrire *Marche avant* (Robert Laffont, Paris, 2011), Alexandre Poussin repartit en 2014 avec sa famille pour effectuer le tour de Madagascar avec une charrette tirée par quatre zébus. Cette aventure, nommée Madatrek, hymne à la sobriété heureuse et solidaire, dura quatre ans, et leur permit de lever plus de 300 000 euros pour trente-trois projets humanitaires, scolaires et missionnaires croisés en chemin. Elle est relatée dans une série documentaire et un récit en plusieurs tomes, dont le premier est paru aux éditions Robert Laffont en 2021.

26

Du paraître à l'être

Stanislas de Quercize

Directeur de grandes entreprises, notamment dans l'univers du luxe, Stanislas de Quercize a croisé le chemin de Saint-Jacques sur sa trajectoire de vie. Entre 2000 et 2003, durant quatre étés, il a relié Le Puy-en-Velay à Roncevaux, avec les membres de son groupe de prières : neuf autres adultes et dix enfants. En 2017, à l'occasion de ses 60 ans et d'un changement professionnel, il est reparti du Puy-en-Velay avec sa femme Anne-Sophie pour aller, cette fois, jusqu'à Compostelle. En l'invitant à introduire de nouvelles valeurs dans son métier, ces deux pèlerinages ont bouleversé sa vie.

SUR ce chemin, j'ai ressenti l'importance du premier pas, après avoir surmonté un moment de stupeur à la lecture d'un panneau, dans une ruelle de la ville du Puy : « Saint-Jacques-de-Compostelle : 1 600 km » ! Ce premier pas, posé en conscience, nous a menés jusqu'au bout de la terre. De même, dans tout projet, il faut procéder par étapes : faire un premier pas puis enchaîner les suivants. Avancer, sans se retourner. *Ultreia !*

Sur ce chemin, j'ai expérimenté la nécessité d'alléger mes bagages. Dans mon sac, mes besoins, mes peurs et mes manques ont rapidement pesé trop lourd et j'ai appris à me décharger. Je me suis peu à peu défait du réflexe de l'entrepreneur, qui est d'accumuler toujours plus. Ici, « *less is more* » !

Sur ce chemin, j'ai compris que le bonheur résidait dans l'être et non pas dans le faire, l'avoir, ou le paraître. À chaque rencontre avec d'autres pèlerins, ces questions simples : « Tu viens d'où ? Tu vas où ? T'as mal où ? Pourquoi es-tu là ? » Interrogations plus capitales que : « Tu fais quoi ? C'est quoi ta voiture ? C'est quoi ton background, tes décorations et médailles ? » Dans le monde de l'entreprise, mon travail était d'évaluer ; sur cette route de spiritualité, je suis appelé à accueillir l'essentiel.

Sur ce chemin, je me suis converti à la véritable confiance. En tant que chef d'entreprise, cette confiance était conditionnée à la mise en place d'objectifs, à des contrôles réguliers, à des répétitions fréquentes, à une planification continue. Ici, ce qui s'offre à nous, c'est de lâcher prise et de nous abandonner à la confiance en nous, en l'autre, au Tout-Autre, au Chemin. De lâcher chaque matin ce que nous connaissons pour aller vers du nouveau, du neuf, de l'inconnu.

*

Faire confiance à l'imprévu ! Comme ce fameux dimanche de pluie continue, à la sortie de l'Aubrac. Ayant quitté dès l'aube notre gîte sans petit déjeuner, nous espérons trouver de quoi nous restaurer sur le chemin. Mais les cafés sont fermés et, après cinq heures de marche sous la pluie, nous sommes trempés jusqu'aux os, sans un arrêt ni une rencontre de réconfort. À 13 heures, nous arrivons devant le café mentionné sur notre guide pratique… Fermé lui aussi ! Anne-Sophie, après une nouvelle heure de marche, me dit :

— On s'arrête !

— Il n'y a pas d'abri. Continuons encore un peu.

— Non, on s'arrête, je rentre à la maison. Cela n'a pas de sens, de marcher sans fin, sans voir personne, tenaillés par la faim et dégoulinants de pluie !

— Courage !

Je vois alors une voiture qui s'arrête sur un parking, à l'entrée du village dont nous approchons. Je marche rapidement vers le véhicule qui s'est garé, pour demander de l'aide et des informations au conducteur. L'homme sort de la voiture. Surprise ! C'est Bruno, un ami que nous avions rencontré à Londres il y a vingt ans. Nous tombons dans les bras l'un de l'autre, et Bruno nous apprend qu'il n'y a ni café ni gîte dans le village ; mais qu'il nous accueille volontiers avec un groupe de randonneurs qui vient d'arriver pour un week-end. Nous voilà donc choyés, nourris, séchés. Coïncidence, chance, ou l'un des nombreux miracles du chemin ?

Nous continuons à apprendre la confiance sur le *Camino*, en Espagne, où, plus d'une fois, nous faisons l'expérience suivante. Nous marchons dans une ville où les signes du chemin sont noyés dans les multiples enseignes et publicités. Et là, soudain, un passant nous arrête :

— Vous allez à Saint-Jacques ?

Avec nos sacs à dos et chaussures de marche, l'habit faisant le pèlerin, nous sommes facilement identifiables.

— Oui, en effet !

— Eh bien, vous vous êtes trompés. Vous deviez tourner à gauche au carrefour précédent.

Nous n'avions même pas vu que nous étions perdus, et déjà nous sommes remis sur le droit chemin ! Décidément, les signes de la présence du saint Jacques protecteur sont bien présents sur cette route... D'où cette question : Qu'est-ce que je fais pour être, moi-même, ici et maintenant, signe de saint Jacques ou de Dieu sur mes chemins de vie ?

*

Sur ce chemin, j'ai ressenti dans ma chair ma condition de mortel. Sur le *Camino francés*, debout dès l'aube, nous marchons plein Ouest, avec le soleil qui se lève dans notre dos et qui projette nos longues ombres devant nous. Cette ombre se rétrécit progressivement jusqu'à disparaître à midi. Réalisation physique de notre nature finie et temporelle. Au même moment, les cimetières, lieux de mort, nous apparaissent comme des lieux de vie, car c'est là que nous trouvons de l'eau fraîche pour nous désaltérer. Et à l'arrivée ultime à Fisterra, lorsque le sentier s'arrête face à la mer, je comprends dans ma chair qu'un jour viendra où ma vie terrestre s'achèvera, et où commencera un nouveau chemin d'éternité. Ce sens de la finitude m'invite à considérer avec modestie mes réalisations, à bannir le sentiment de toute-puissance qui me guette lorsque je dirige une structure.

Sur ce chemin, j'ai suivi les pas de mes frères et sœurs en humanité. J'ai intégré que si nos chemins sont uniques, nous partageons notre condition humaine depuis des millénaires. Les traces que nous laissons, mais aussi les superbes monuments que nous croisons (églises, cloîtres, cimetières, calvaires, fortifications ou châteaux), témoignent de cette humanité en marche qui nous a précédés. Maillons de transmission de la vie, de la foi et de l'espérance, nous nous inscrivons dans une chaîne continue. Ce chemin est un espace de fraternité, bien éloigné du marché de concurrence que je vis dans le monde des affaires.

Sur ce chemin, enfin, marcher avec mon épouse m'a fait prendre conscience que la vie en duo est une formidable aventure où l'amour peut s'approfondir à tout moment et sans limite – pourvu qu'on en prenne soin ! Poursuivant dans cet élan, nous avons continué à cheminer en couple : l'année suivante, nous avons effectué un autre pèlerinage millénaire au Japon, en reliant les quatre-vingt-huit temples bouddhistes de l'île de Shikoku. Ces deux pèlerinages ont été une belle étape pour notre couple. La relation amoureuse est en effet un chemin continu et constant d'approfondissement. Elle ne tolère pas le statu quo : les améliorations et upgrade ne sont pas l'apanage des smartphones ni des voitures électriques ! Nous sommes appelés à approfondir sans cesse nos relations, à commencer par celle qui nous unit à notre conjoint. Accueillir et partager les joies, succès et bonheurs, mais aussi faire face aux épreuves, discordes et échecs, les dépasser ensemble : ces moments vécus à l'unisson rapprochent, au lieu de diviser ou de séparer. Il en est de même dans la vie professionnelle. Je l'ai constaté dans des ateliers de joaillerie, à la fois lors des comités de direction ou dans le travail d'équipe des ouvriers joailliers. Les désaccords et conflits surmontés, grâce à un accord sur des valeurs et une vision à long terme, renforcent le collectif et conduisent aux plus belles réussites. D'ailleurs, les chefs-d'œuvre architecturaux que l'on admire sur les chemins de Saint-Jacques ne résultent-ils pas, eux aussi, d'un engagement d'équipe unie par une même perspective ?

Procéder par étapes, m'alléger, accueillir l'essentiel, faire confiance, prendre conscience de ma finitude, fraterniser avec mes compagnons de route, apprivoiser la complémentarité : autant de leçons du chemin qui, en tant que chef d'entreprise, me rejoignent et me font réfléchir. Pour ces mille leçons de vie, mes remerciements montent de mon corps, de mon cœur, de mon esprit et de mon âme vers ce « sacré *Camino* », vers saint Jacques qui l'a inspiré, vers son maître le Christ, vers ceux qui l'ont initié et vers ceux qui le servent en accueillant les pèlerins. Enfin, vers tous les jacquets, compagnons de marche du passé, du présent et de l'avenir.

Stanislas de Quercize est chef d'entreprise. Après un début de carrière chez Procter & Gamble en France et en Belgique, il a rejoint le monde du luxe et a exercé diverses fonctions de direction générale au sein du groupe Richemont pour les marques Montblanc et Cartier, en France, en Grande-Bretagne et aux États-Unis. Il a été président-directeur général de Van Cleef & Arpels et de Cartier International. Aujourd'hui, il siège au conseil d'administration de plusieurs sociétés. Il a également créé un Family Office investissant dans des startups de disruption digitale. Il accompagne des

entrepreneurs au sein du Réseau Entreprendre, d'Ashoka et de la Fondation Raise.
Mais depuis ce pèlerinage sur les chemins de Saint-Jacques, son engagement s'est déployé avec une dimension encore plus humaine. Il est administrateur du Service catholique des funérailles. Avec Anne-Sophie, son épouse, ils sont engagés dans l'accompagnement de couples au sein d'Alpha Duo. Tous deux ont également créé la Fondation familiale Jéricho qui accompagne des personnes traversant des difficultés familiales ou sociales.

27
Une société de fraternité
Jean-Pierre Raffarin

De 2007 à 2013, Jean-Pierre Raffarin a consacré, chaque année, une part de ses vacances parlementaires de sénateur à son pèlerinage vers Compostelle. En sept années, il a ainsi parcouru 1 650 km du Puy-en-Velay à la capitale galicienne. Cet abécédaire personnel témoigne de sa reconnaissance à ce chemin qui est, selon ses propres termes, « une des plus belles aventures » qu'il lui ait été donné de vivre.

Anonymat

Sur ce chemin, la condition de pèlerin l'emporte sur tout autre statut. Pour ma part, j'ai effectué ce pèlerinage dans la plus totale discrétion. Chemise de toile bleue, pantalon de randonneur, chaussures de marche, casquette : j'étais habillé comme les autres pèlerins. J'avais un sac à dos, une coquille et deux bâtons de marche. Le chemin est un acte gratuit, désintéressé. Un homme politique ne fait pas un pèlerinage pour serrer des mains ! Ou alors, c'est pour saluer un autre pèlerin ; ce bonjour-là est assurément sincère…

But

Il y a une dialectique permanente entre le chemin et le but. On voudrait hiérarchiser ces deux concepts, voire en supprimer l'un au profit de l'autre. Quant à moi, je crois que tous deux sont indissociables. Le parcours a besoin de la destination, comme la destination a besoin du parcours. La destination aide à accomplir le parcours, et le parcours aide à comprendre la destination. Chaque pas, chaque épreuve, chaque joie, sont présents dans la destination. Le pont de Navarrenx ou la cathédrale de León, l'aligot de Nasbinals ou les *tapas* en Espagne, tout cela donne au parcours un sens qui rejoint le but. Pour ce qui est de notre pèlerinage, nous voyagions avec un prêtre qui, par sa présence, les réflexions et les pratiques qu'il nous proposait, assumait la présence de la destination dans le parcours.

Compagnonnage

J'ai effectué ce chemin avec huit personnes : Anne-Marie, mon épouse ; ma sœur Françoise et mon beau-frère ; Marc Laffineur (député UMP du Maine-et-Loire et vice-président de l'Assemblée nationale) et son épouse ; le père Matthieu Rougé – alors prêtre de la paroisse Sainte-Clotilde et aumônier parlementaire ; et un autre couple d'amis, les Lestienne. Jean-François et Nadia Copé nous ont rejoints pour les dernières étapes. Tout au long de notre pèlerinage, nous avons vécu un compagnonnage très affectueux et attentif. Plusieurs d'entre nous ont connu les misères habituelles de la randonnée, et nous les avons surmontées grâce à la solidarité du groupe. Notre compagnonnage, c'était donc un peu un « SOS Amitié » !

Confiance

Ma femme et moi, nous n'étions pas sûrs d'avoir la condition physique pour arriver à Compostelle. La première semaine, notamment, a été très difficile – surtout pour moi. J'étais une lanterne rouge avec mes ampoules ! Il nous fallait donc faire confiance pour poursuivre. Car la confiance, c'est ce qui évite l'abandon. Confiance en Dieu, pour qui et avec qui nous marchions. Confiance en Marie, qui veille sur nous et à qui nous demandons protection. Et aussi confiance dans nos capacités, confiance dans les autres. Donc, à la fois, confiance d'en haut et d'en bas…

Conscience

Lors de notre arrivée à Saint-Jacques-de-Compostelle, j'ai tweeté : « À Saint-Jacques-de-Compostelle ! Fraternité des pèlerins. Finistère de l'aventure. Conscience du chemin, chemin de conscience. » Ce terme de « conscience » est souvent employé par Edgar Morin, un philosophe que j'apprécie beaucoup. Le chemin est un voyage dans la conscience, plus profond et plus dense qu'il n'en a l'air. On passe ses journées à visiter son intérieur, à tenter de saisir son âme. Parfois, le chemin concentre, parfois il déconcentre. Mais toujours il développe la conscience, de l'autre et de ce que nous sommes en profondeur.

Départ

L'idée d'effectuer ce chemin m'avait déjà traversé. Mais le déclic s'est produit lors d'un dîner à Combloux, au restaurant « Le coin savoyard ». Nous avions marché pendant une journée dans le massif du Mont-Blanc, et l'un de mes amis, Marc Laffineur, nous a dit : « Si on allait à Compostelle ? » Le défi était lancé. Lors d'une messe de rentrée parlementaire, j'ai proposé au père Matthieu Rougé de se joindre à nous, et il a accepté avec enthousiasme. Déjà, le chemin avait commencé !

Espérance

L'espérance est inscrite dans notre ADN, au-delà de la croyance et de la raison. Elle est consubstantielle. Chez moi, elle prend souvent le visage de la Vierge Marie. Bien sûr, j'ai parfois des moments de doute, mais ils ne remettent jamais en question cette espérance. C'est ce que j'ai également expérimenté sur le chemin.

Étapes

J'ai donc effectué ce pèlerinage en huit années, à raison d'une dizaine de jours par an, qui furent autant d'étapes. Du point de vue physique, tout d'abord, car mon corps s'est adapté au chemin. Psychologique, ensuite, avec l'étape décisive de Roncevaux : les Pyrénées passées, j'ai su que j'irais jusqu'au but. Spirituel, enfin : j'ai surtout progressé dans le vécu de la messe. Ces cérémonies dépouillées, célébrées en pleine nature, avec une homélie profonde partagée par huit pèlerins, m'ont rendu la messe plus accessible. Depuis, je ne m'y ennuie plus !

Fraternité

« Une société de fraternité » : c'est ainsi que je définirais l'univers des pèlerins. Sur ce chemin, 1 = 1, chacun est égal à l'autre. Nous avons tous la même perspective, le même horizon. Quels que soient notre fonction ou notre rang social, nous avons tous des ampoules, nous dormons tous au même endroit, nous montons tous les mêmes côtes, nous avons tous soif sous le même soleil !

Histoire

Le pèlerin est un maillon d'une histoire spirituelle et religieuse à laquelle il accepte d'adhérer. Cette dimension historique du chemin de Saint-Jacques est un aspect important à mes yeux : en me mettant en route, je ne succombais pas à une mode contemporaine, je mettais mes pas dans ceux des pèlerins du Moyen Âge. Dans le Poitou, mes grands-parents avaient une ferme non loin du chemin, et ma grand-mère citait souvent le dicton : « Pluie du matin n'arrête pas le pèlerin. » Ma démarche est donc aussi inscrite dans cette histoire personnelle.

Paix

En arrivant en vue de Saint-Jacques-de-Compostelle, j'ai ressenti en moi la paix du voyage accompli. Après avoir ponctué chaque étape annuelle de points de suspension, nous avons posé là un point final. Depuis, j'apprivoise cette paix intérieure. Je ne m'enferme plus dans la politique, j'arrive mieux à prendre de la distance et à revenir à l'essentiel. Le couple, le groupe sont plus forts. C'est peut-être ça, la grâce du chemin.

Pèlerin

J'ai abordé le chemin de Saint-Jacques en pèlerin, et non en randonneur. Malgré une éthique commune (fraternité et respect des autres, préoccupations écologiques, etc.), il y a une différence essentielle entre ces deux attitudes. Le pèlerin sait où il va, le randonneur regarde où il est. Pour notre part, comme nous marchions avec un prêtre, nous avons effectué ce pèlerinage dans une ambiance religieuse (chapelet, lecture de la Bible, chants). Le père Rougé célébrait la messe tous les jours, où nous invitions d'autres pèlerins. Et tout au long du chemin, nous ménagions des moments de silence pour méditer (deux ou trois heures de solitude sur les huit heures quotidiennes de marche).

Peur

La marche est le meilleur ennemi de la peur. Elle conjure l'anxiété, elle fait peur à la peur. Alors que la peur immobilise, marcher, c'est reprendre le dessus sur la vie. C'est exister !

Politique

L'engagement en politique peut être comparé à la marche du pèlerin. La réalisation du pèlerinage, c'est d'avoir construit un projet qui reste, bien qu'il soit immatériel : c'est de l'immatériel vivant. De même, la mission du politique devrait être le projet, pas la recette. Edgar Morin écrivait : « Quand l'immédiat dévore, l'esprit dérive. » On peut construire un gymnase, un pont, une route : cela reste des projets. Il importe de donner à cette immédiateté une perspective, un horizon.

Souvenirs

Je garde précieusement ma crédenciale et ma compostela. Ma coquille est dans notre coin prière, auprès de la croix en fer forgé achetée au pied du col de

Roncevaux. J'ai aussi conservé mon carnet, où j'ai noté quelques pensées. Mon épouse a réalisé un journal, illustré de photos, de lectures et de prières, qu'elle a offert à chaque participant. Cela aide à faire vivre les souvenirs qu'on garde au plus profond de soi.

Temps

Dans ce pèlerinage, on côtoie plusieurs dimensions du temps : le temps long (celui, par exemple, qui fut nécessaire pour construire la cathédrale de Condom ou l'abbaye de Moissac) et le temps immédiat (celui que nous devons gérer pour effectuer l'étape du jour). Le chemin nous apprend donc à faire coïncider ces deux temporalités. À aller vite… lentement. *Festina lente*, comme dit le proverbe.

Ultreia

Cette expression latine (« Plus loin »), qui est le cri de ralliement des pèlerins, a également influencé notre « après-chemin ». Avec la même équipe, nous effectuons chaque année un nouveau pèlerinage. Nous nous sommes ainsi rendus au Mont-Saint-Michel, à Padoue, en Terre sainte, et nous avons découvert les églises baroques de Haute-Savoie. Nous prévoyons également de pérégriner vers Chartres et Fatima. J'aimerais aussi marcher sur les chemins de saint Martin, entre Ligugé et Tours. Toujours plus loin, donc…

Vie

Ce chemin m'a appris à garder, dans chaque action du quotidien, la perspective de l'horizon. Je continue ma route, un œil sur la Croix, l'autre sur mes chaussures, en veillant à ce que l'un ne me fasse pas oublier l'autre. Car l'essentiel, c'est le pèlerinage de la vie, sur deux jambes !

Diplômé de l'ESCP, Jean-Pierre Raffarin a effectué sa carrière dans le secteur privé, au sein de différentes entreprises. Il a ensuite mené une longue carrière politique. Président du conseil régional de Poitou-Charentes (1988-2002) et député européen (1989-1995), il a également été sénateur de la Vienne (2005-2017). Il a occupé deux postes ministériels : il fut ministre des PME, du Commerce et de l'Artisanat (1995-1997) dans les gouvernements d'Alain Juppé, puis Premier ministre de Jacques Chirac de mai 2002 à mai 2005.
Après avoir annoncé son retrait de la vie politique électorale, sa « troisième vie » est un carrefour de quatre chemins. D'une part, la route des livres : Jean-Pierre Raffarin a en effet publié une quinzaine d'ouvrages, parmi lesquels *L'avenir a ses racines* (Projet, Paris, 1986) ; *Pour une morale de l'action* (Hermé, Paris, 1992) ; *Je marcherai toujours à l'affectif* (Flammarion, Paris, 2012) ; et *Chine, le grand paradoxe* (Michel Lafon, Paris, 2019). La route de la soie, ensuite, avec un travail de cinquante années et plus de cent voyages pour chercher à comprendre la Chine et les Chinois. La route de la paix, en dirigeant l'ONG Leaders pour La Paix qui multiplie les initiatives pour créer des Écoles de la Paix. La route de l'entreprise, enfin, retour à son métier de base. Il consacre 10 % de son temps à aider au développement de PME françaises.
L'été, il aime marcher avec son épouse sur les chemins de Combloux, et en d'autres saisons sur les plages de Charente-Maritime. Mais pour lui, les meilleurs moments sont les nuits estivales, en refuge, en moyenne montagne, avec ses petits-enfants.

28

Compostelle, un avant-goût du Paradis

Adeline Rucquoi

Depuis plus de deux décennies, Adeline Rucquoi a le grand bonheur de séjourner plusieurs fois par an à Compostelle : elle s'y rendit d'abord pour les congrès d'histoire médiévale organisés par son université, puis comme présidente de la Société française des Amis de Saint-Jacques-de-Compostelle et de son Centre d'études compostellanes, enfin comme membre de l'Archiconfrérie universelle de l'apôtre saint Jacques et du Comité international des experts du Chemin de Saint-Jacques. Elle adresse à cette ville et à sa cathédrale un vibrant hommage, aussi admiratif qu'affectueux.

Compostelle.

Le but du Chemin.

Le but du pèlerinage.

Compostelle aux confins de la Terre.

Ville de granit au milieu de collines boisées.

Qui luit sous la pluie lavant si souvent ses pierres.

Qui se réchauffe et fait éclore des fleurs sous les rayons du soleil.

Qui offre au passant l'abri des arcades bordant ses rues, et à ses habitants celui des balcons vitrés, les bow-windows, dont on dit qu'ils auraient été copiés de l'Angleterre au XIXe siècle.

Être à Compostelle. Toi, la ville rêvée par tant de pèlerins, toi qu'ils espéraient enfin apercevoir du haut du mont de la Joie, toi qu'exaltaient les auteurs anonymes du *Codex Calixtinus* : « Compostelle, la très excellente ville apostolique, pleine de toutes les délices, gardienne du trésor corporel de saint Jacques, raison pour laquelle elle est considérée comme la plus heureuse et la plus excellente de toutes les villes d'Espagne. »

« Faire le chemin » ne m'a jamais attirée. Mais être à Compostelle, pénétrer dans la cathédrale au petit matin, alors qu'il fait encore nuit les jours d'hiver, ou que l'aube est levée depuis plus d'une heure en été, est toujours pour moi un moment d'intense émotion et d'émerveillement. C'est être au but. Être là où il faut être. Pas seulement parce que des milliers et des milliers de pèlerins, concrétisant leur rêve, sont entrés par cette Porta francigena et ont été reçus par saint Jacques qui, depuis le haut d'un chapiteau à l'entrée du transept septentrional, leur indiquait du doigt l'emplacement de son tombeau. Et pas seulement non plus parce que l'on n'y découvre que peu à peu la pureté de l'architecture romane de l'édifice, puis la splendeur de son maître-autel baroque. À 7 heures du matin, l'alliance de l'austère granit des murs et des colonnes à la magnificence des ors de l'autel exprime le sacré, tout en résumant la très longue histoire de cette église et celle de la dévotion à l'apôtre.

Compostelle. Toutes les rues mènent à la cathédrale. Je compte le son de ses cloches : un coup au premier quart d'heure, puis deux, puis trois, puis quatre suivis du son si grave de la Berenguela qui égrène les heures et rythme inlassablement le temps. Les ruelles étroites me conduisent à la place de l'Obradoiro qui s'étend devant la façade occidentale. C'est là qu'il faut aller pour voir les pèlerins qui ont achevé leur chemin. Certains sont simplement assis à même le sol, admirant les tours effilées ou les coupoles arrondies, et contemplant saint Jacques en pèlerin entouré de ses disciples (Athanase et Théodore) et de ses parents (Zébédée et Marie Salomé) – le but enfin atteint. D'autres s'embrassent, se retrouvent, rient, se photographient, leurs sacs posés à leurs côtés. Je connais par cœur la façade et c'est donc eux que je regarde. Leur joie est communicative et je me surprends à la comprendre, à la ressentir, à la partager. Compostelle, la « très excellente ville apostolique », le terme du chemin.

Derrière la façade baroque se cache un autre trésor, auquel on accède par d'innombrables marches, splendide mise en scène qui symbolise la montée au Paradis : le portail de la Gloire. Chaque fois qu'il m'est donné de le contempler – puisqu'il n'est plus visible que dans de strictes conditions –, j'y découvre un sens nouveau. On voudrait pouvoir s'y arrêter et en méditer longuement le message.

Comment ne pas être saisi par cette représentation de la Parousie ? Devant nos yeux se déploie le retour glorieux du Christ à la fin des Temps, entouré par les anges, les évangélistes, les vieillards de l'Apocalypse qui accordent leurs instruments ; et surtout par les élus, les bienheureux conduits au Paradis depuis les limbes (que le spectateur voit dans l'arcade du portail de gauche) ou depuis la scène du Jugement dernier (qui orne l'archivolte à droite). Mais celui qui attire d'abord mon regard est saint Jacques, sur le trumeau.

Assis, tenant dans une main la crosse épiscopale et dans l'autre un phylactère où est écrit « Le Seigneur m'a envoyé », l'apôtre accueille le pèlerin qui a gravi les dernières marches pour entrer dans son sanctuaire. Autour de lui, prophètes et apôtres se parlent, et Daniel sourit sous l'œil de Jérémie. Ils nous recevraient presque comme des amis. Saint Jacques, lui, ne nous regarde pas. Il semble avoir le regard perdu vers le lointain, vers cet occident de l'Europe qui fut si longtemps le bout de la Terre, l'entrée d'un autre monde, inconnu, l'au-delà, au bout du chemin de la vie.

Bien que de pierre, les personnages du portail de la Gloire paraissent vivants. La cathédrale elle-même est vivante. Je l'aime au petit matin quand elle est vide et qu'y entre timidement un pèlerin. Mais au fur et à mesure que s'avance la journée, entre les offices liturgiques, elle résonne des conversations des habitants qui la traversent pour s'éviter des volées de marches, des touristes qui ne la voient qu'au travers de leurs smartphones – n'hésitant pas à mitrailler ceux qui prient, allument un cierge ou attendent un confesseur – et des visiteurs qui s'y sont simplement arrêtés pour la contempler et s'y reposer. J'aime ce contraste entre le silence des premières heures et le milieu de la journée. Comme j'aime celui qui existe entre la beauté des nefs aux voûtes soutenues à intervalles réguliers par des arcs-doubleaux et l'extérieur baroque que l'on voit depuis les quatre places de l'Obradoiro, de Platerías, de la Quintana et de l'Immaculada.

Toi, la cathédrale, tu es un livre d'histoire. Tu portes les traces des siècles et n'en rejettes aucun. Tu es romane, mais tu es aussi baroque. Dans ta chapelle du Saint-Sauveur coexistent l'image de ses fondateurs à la fin du XIe siècle, le souvenir du patronage du roi de France au XIVe et un vitrail du début du XXIe. Ton cloître, lui, date du XVIe siècle et l'on y voit de grosses cloches ; peut-être celles qu'offrit le roi de France Louis XI. La tour de l'Horloge est un reste de tes fortifications médiévales et, dans la chapelle de la Vierge du Pilier, tu abrites le tombeau d'un archevêque venu de la Nouvelle-Espagne qui instaura entre tes murs la dévotion à la Vierge de Guadalupe. Ton trésor, tant admiré des pèlerins d'autrefois, recèle des reliquaires qui, du Xe siècle au XXe siècle, racontent mille ans d'histoire.

Toi, la cathédrale, tu es de toutes les époques, hors du temps. Tu témoignes du passé et vis au présent. Tu es le cœur de la ville de pierre qui s'est construite autour de toi, que tu protèges et qui existe par toi. Tu appartiens aux pèlerins qui finissent là leur chemin comme aux Espagnols qui y vénèrent le protecteur de leur patrie. Tu as connu prospérité et guerres civiles, vols et dons, épidémies et visites royales. Tu es ouverte à tous, sous le regard de saint Jacques qui surmonte le maître-autel, attendant ceux qui sont venus le voir et lui faire l'*abrazo*, l'accolade à l'apôtre – l'ami du Seigneur qui attend et accueille.

Directeur de recherche émérite au CNRS, spécialiste de l'histoire médiévale de la péninsule Ibérique, Adeline Rucquoi a été successivement rattachée au Centre d'études méridionales à Toulouse et au Centre de recherches historiques à Paris. Membre de diverses académies, elle dirigea la revue *Compostelle. Cahiers du Centre d'études compostellanes*, et appartient au comité scientifique de revues telles que *Compostellanum* et

Ad Limina, revista de investigación del Camino de Santiago y las peregrinaciones. Elle donne de nombreuses conférences sur le sujet en France, en Espagne ou en Pologne.
Elle a publié plus de cent quarante articles scientifiques et est l'auteur ou l'éditeur de vingt ouvrages, dont *Saint Jacques et la France* (Le Cerf, Paris, 2003), *Mille fois à Compostelle. Pèlerins du Moyen Âge* (Les Belles Lettres, coll. « Realia », Paris, 2014), *Le voyage à Compostelle. Du Xe au XXe siècle* (Robert Laffont, coll. « Bouquins », Paris, 2018), *À Jacques, apôtre, frère de Jean. Précis à l'usage du pèlerin de Compostelle* (Éditions CLD, Paris, 2020).

29

Un chemin de liberté intérieure

Jean-Christophe Rufin

Médecin, écrivain et diplomate élu à l'Académie française, Jean-Christophe Rufin a effectué le Camino del Norte *en 2011 au départ d'Hendaye. Il a raconté ce pèlerinage dans le récit* Immortelle randonnée. Compostelle malgré moi. *Ce livre est singulier dans le parcours littéraire de ce romancier. Mais pour honorer ce chemin qu'il juge « incomparable » et même « irremplaçable », l'écrivain a relevé le défi. Il évoque ici les phases de son cheminement, qui lui a permis de reconquérir sa liberté intérieure.*

LE sous-titre de mon livre, *Compostelle malgré moi*, le laisse entendre : mon voyage sur les chemins de Saint-Jacques n'était pas prémédité. À la différence de la plupart des pèlerins, je ne l'avais pas préparé. En fait, je songeais plutôt à faire la Haute Route pyrénéenne. Puis, arrivé à Hendaye, je me suis senti happé par le *Camino del Norte*. J'ai donc cédé à son invitation sans savoir si je parviendrais jusqu'au bout. D'ailleurs, à plusieurs reprises, fatigué et les muscles endoloris, j'ai eu envie de m'arrêter. Mais chaque fois que la tentation survenait, le chemin me rattrapait. C'est comme s'il me disait : « Non, mon ami, ce n'est pas fini, tu n'es pas arrivé ! » Tant que l'on n'est pas parvenu au but, on ressent cet appel à poursuivre et à dépasser ses contrariétés – qui sont somme toute relatives.

Cette aventure a continué sur le même ton, puisque je n'étais pas parti faire cette longue marche pour en rapporter un livre. Je venais de passer trois ans au Sénégal, en tant qu'ambassadeur de France. Là-bas, la vie était très particulière. J'avais des gardes du corps, un chauffeur, un secrétaire, un cuisinier ; on m'appelait « Excellence » et on me servait avec des gants blancs. À mon retour, j'avais donc besoin de redescendre sur terre et de me reconnecter à un quotidien plus banal. En empruntant ce chemin, je pensais aussi m'immerger dans l'ambiance médiévale en vue du livre que je préparais sur Jacques Cœur, le grand argentier du roi Charles VII. Je n'ai donc pas pris la moindre note pendant cette marche. C'est seulement quelques mois après ce pèlerinage que, lors d'un déjeuner à Chamonix, l'éditrice Marie-Christine Guérin m'a incité à en écrire le récit. J'ai tout d'abord décliné sa proposition puis, une fois revenu chez moi, je me suis attablé et j'ai commencé à noter mes souvenirs. Il neigeait et, paradoxalement, ce paysage m'a donné envie de replonger dans l'ambiance du chemin. Pour la deuxième fois, j'ai cédé à son appel.

En réalité, j'avais une dette envers lui, et je suis heureux de l'avoir ainsi honorée. Ce pèlerinage m'a en effet aidé à reprendre pied dans une vie « normale », loin des honneurs que j'avais reçus pendant ces trois années au service de la République. Durant ces trente-deux jours de marche, j'ai peu à peu réappris à remplacer les fastes qui m'avaient entouré par trois des vertus du chemin : humilité, simplicité, dépouillement. J'aime dire qu'un pèlerin, c'est un individu qui n'est plus rien sauf lui-même. Cette dialectique entre le « rien » et le « tout » est la grande leçon que j'ai reçue sur ce chemin. Il nous apprend en effet à n'être plus rien parce que l'on se défait de tout. Puis, comme la nature a horreur du vide, on se remplit d'autre chose, jusqu'à atteindre un sentiment de plénitude. On se défait donc de ce que l'on croyait être pour se retrouver soi-même et retrouver les autres.

Cependant, cette métamorphose ne se produit pas en un jour. J'ai écrit dans mon récit que « le chemin est une alchimie du temps sur l'âme ». Et j'ai ressenti cette lente progression tout au long de mes 850 kilomètres. Il n'en aurait pas fallu un de moins ! Je comparerais ce travail à celui d'un orfèvre : c'est en donnant des milliers de coups sur un métal qu'il parvient à lui donner une forme harmonieuse. Pour schématiser, je diviserais ce cheminement du pèlerin, que j'ai appris à devenir, en quatre phases.

La première est celle du rodage du corps. Je pratique l'alpinisme et la randonnée en montagne, mais c'est la première fois que je faisais une si longue marche. Il m'a donc fallu composer avec les épreuves inhérentes au chemin : la météo capricieuse, les douleurs aux muscles, les ampoules aux pieds, l'inconfort des gîtes, etc. Cette phase physiologique, qui éprouve le corps, est une étape nécessaire. La deuxième phase peut alors commencer. Lorsque mon corps s'est accoutumé à ma nouvelle condition de pèlerin, je me suis immergé dans la mémoire du chemin, son histoire et son patrimoine (églises, cathédrales, monastères, couvents, croix, statues, etc.), qui le colorent d'une teinte particulière. À ce moment-là, j'ai commencé à percevoir que cette marche avait un sens. Mais c'est au cours de la troisième phase que je pense avoir perçu l'essentiel de son message. Dans les Asturies, on traverse des villages désertés qui n'ont pas beaucoup évolué depuis le Néolithique. Je me suis alors senti délivré de tout et envahi d'une paix bienfaisante. Ce que je résume dans mon livre par cette phrase : « Je ne cherchais rien, et je l'ai trouvé. » Le voilà, ce vide qui fait place au tout ! Enfin, la quatrième phase de mon cheminement coïncide avec la fin du voyage. Ma femme m'a rejoint pour les dernières étapes, et je me suis rendu compte que j'étais complètement décalé par rapport à elle : j'ai alors mesuré le chemin parcouru. Comme un certain nombre de pèlerins, j'ai été déçu par l'arrivée à Saint-Jacques-de-Compostelle : une route peu agréable, les marchands du temple dans la vieille ville, la queue interminable pour obtenir la compostela, la foule dans la cathédrale. Puis j'ai compris que cette arrivée n'en était pas une. L'essentiel dans ce chemin, c'est justement qu'il n'ait pas de fin. Orienté, il est un « mouvement vers ». Lorsqu'on le suit, on sent que l'on fait partie de ce mouvement. Et cela nous donne une énergie particulière.

À mon retour en Haute-Savoie, j'ai éprouvé la nécessité de me libérer du superflu : c'est ce que j'appelle la « philosophie de la *mochila* » – un terme espagnol qui désigne le sac à dos. Dans mon chalet, j'ai alors fait un grand tri. Matériellement et symboliquement, je me suis allégé. Ce nettoyage m'a amené à reconsidérer ce qui était important dans la vie… et aussi dans *ma* vie. J'ai compris que les fonctions officielles que j'avais occupées n'étaient pas essentielles, et j'ai décidé de me consacrer à l'écriture. Cette activité me remplit de bonheur.

Cependant, comme pour les vaccins, il faut effectuer de temps en temps des rappels. Car au bout d'un certain temps, les fruits du pèlerinage s'épuisent. Je songe donc à me replonger dans une expérience analogue, qui me plierait à la même discipline. Par exemple sur la *Via de la Plata*, la *Via francigena*, la *Via domitia* ou le chemin de saint Gall, vers la Suisse. Peut-être, d'ailleurs, dans des conditions plus difficiles, c'est-à-dire en hiver. Pour mieux me laisser façonner par ce chemin qui, parce qu'il a un sens, redonne un sens à la vie.

Dès l'âge de 15 ans, assistant à une transplantation cardiaque, Jean-Christophe Rufin fut fasciné par cette pratique et décida de se lancer dans la médecine. Il entreprit des études à La Pitié-Salpêtrière, et y fut rapidement promu chef de clinique en neurologie. Fort de cette expérience médicale, il décida de s'engager dans l'humanitaire, et rejoignit, avec Claude Malhuret, l'association Médecins sans frontières, créée par Bernard Kouchner. Il s'engagea alors dans des missions en Afrique de l'Est et en Amérique latine.
En 1985, il devint directeur médical de l'ONG Action contre la Faim en Éthiopie, puis dirigea cette organisation entre 2002 et 2006. Cette longue expérience dans l'humanitaire lui ouvrit les portes de la diplomatie. Entre 2007 et 2010, il exerça la fonction d'ambassadeur de France au Sénégal puis en Gambie.
Jean-Christophe Rufin est l'auteur de nombreux romans, récits et nouvelles. Parmi ceux-ci, parus aux éditions Gallimard : *L'Abyssin* (1997), *Rouge Brésil* (2001), qui lui valut le prix Goncourt, *Le grand Cœur* (2012), *Le collier rouge* (2014), *Check-point* (2015), *Les sept mariages d'Edgar et Ludmilla* (2019). Son récit *Immortelle randonnée. Compostelle malgré moi*, qui a remporté un franc succès, est d'abord paru aux éditions Guérin en 2013, puis la même année en version illustrée aux éditions Gallimard. Il est à présent disponible en édition de poche (Folio Gallimard).

30

Merci, quatre fois merci !

Alix de Saint-André

« Jamais deux sans trois », dit le dicton. Mais Alix de Saint-André, on le sait, aime bousculer les idées préconçues. Pour elle, ce sera donc « jamais trois sans quatre ». Et pourquoi pas sans cinq ? Depuis qu'elle a posé les pieds, presque malgré elle, sur le Camino, *la journaliste et romancière a développé une sorte d'addiction, donnant raison cette fois au proverbe espagnol «* el Camino engancha *» : « Le chemin accroche, envoûte, enchante », traduit-elle. Elle lui rend ici son hommage, sans se départir de son humour habituel.* Muchas gracias, *Alix !*

« MERCI » ne fut pas le premier mot qui sauta à mes lèvres quand je lus la pancarte « Santiago de Compostela – 765 km », ou alors dans le sens que lui donnait le pauvre Rutebeuf au Moyen Âge : « Pitié ! »

C'était ma première fois, le 14 juillet 2003, même pas fait 10 km depuis le début, ça n'arrêtait pas de grimper, j'avais mal des orteils aux épaules, absolument partout, et je crevais de soif. Mes deux années de scoutisme en chemise rouge remontaient aux calendes, je fumais trois paquets de clopes par jour, et j'avais laissé tomber la moto pour la bagnole… ou le contraire. En arrivant à Roncevaux, la première étape, tout le monde m'avait doublé. Le corps tout cassé, grinçant, restait l'esprit. Dans la liste des choses à emporter, mon guide rudimentaire signalait un chapelet. Je n'en avais jamais dit de ma vie : c'était le moment ou jamais. Seule la Sainte Vierge pourrait me tirer d'affaires. Sans blague.

Dès le lendemain, Dieu merci, elle m'envoya Raquel, dont la rondeur allègre indiquait la même absence d'entraînement sportif. Madrilène d'origine cubaine, elle faisait partie d'une association de pèlerins plus culturelle que religieuse et sans elle, je ne m'en serais jamais sortie – qu'aucune de nos deux mères ne crût en nos chances de réussite ajouta aussi un tigre dans nos moteurs.

Raquel m'apprit d'abord à répondre « *gracias* » à toutes les personnes qui nous souhaitaient « *¡ buen camino !* » (bonne route !) pour nous encourager à leur fenêtre. On disait merci, « mille grâces », cinquante fois par jour. Nous marchions ensemble vers Santiago dans un univers égalitaire et fraternel, sportif et spirituel, où l'on n'est plus qu'un prénom et un nom de lieu, où l'argent n'a aucune valeur, pas plus que la place dans la société, où chaque matin est un nouveau départ.

« J'ai embrassé l'aube d'été » : j'avais, étudiante, commenté ce vers de Rimbaud, j'étais soudain précipitée dedans. Nous allions de levers de soleil en levers de soleil jusqu'à un final coucher de soleil. À l'envers exact de ma vie habituelle, je devenais une pèlerine. Et Dieu dans tout ça ? Quelquefois, je pensais que tous ces jacquets, en piquant leur bâton dans le sol, faisaient tourner la terre… Aucune grenouille de bénitier ne tiendrait un tel rythme, d'ailleurs elles ne sautaient jamais aussi loin de leur bocal.

Résumons :

1) Partie de Saint-Jean-Pied-de Port, j'arrivai à Santiago le 13 août, en rage, deux jours avant Raquel, et furieuse de l'avoir plantée. *Mea culpa, mea culpa, mea maxima culpa !* Ce fut le premier chemin à l'été 2003, resté célèbre par sa canicule.

2) En l'année jubilaire 2004, quand la Saint-Jacques tombe un dimanche, et où l'on ouvre la porte du Pardon, le paradis pour les vivants et les morts, j'obtins ma deuxième compostela. Déjà pas douée au départ, je redoublai avec Raquel par le chemin des Anglais, La Corogne-Santiago. Je n'étais plus en colère mais je n'avais pas encore compris. J'allais devoir tripler.

3) Le vrai chemin, seule, sans Raquel, de Saumur à Finisterre. Le « vrai chemin » consiste à partir de chez soi, disent les Espagnols. Ça change tout, en effet. On suit la route de sa propre histoire. En quittant Saumur le 6 septembre 2007, Santiago m'offrit la compagnie de l'âne Pompon et de son maître Pascal jusqu'à la frontière, puis de sept maris de 18 à 78 ans jusqu'à Compostelle, et enfin d'un grand fils bûcheron canadien jusqu'au cap Finisterre, où je brûlai quelques affaires dans le brouillard d'un *botafumeiro* céleste ; il me fallut l'écrire pour le comprendre enfin… Mon livre, *En avant route* sortit en 2010 ; il marchait très bien, et je n'irais plus sur le chemin ; j'en étais sûre. C'était compter sans Raquel.

4) Le chemin anglais (bis) avec Raquel (ter) en 2010, année jubilaire (bis). Villacoublay-Rome en avion présidentiel pour voir le Pape, Madrid – La Corogne – Santiago avec Raquel retrouvée car nous ne pouvions pas rater cette nouvelle année jubilaire.

Elle m'avait pris une crédenciale de son association madrilène, nous referions le chemin anglais. Un bus partirait de Madrid le vendredi 8 octobre à 22 h 30, qui nous déposerait à l'aube à La Corogne pour trois jours de marche jusqu'à Santiago, on dormirait dans de petites auberges…

Pourquoi ce détour par Rome ? Entre-temps, le président Sarkozy avait soudain décidé de rendre visite au pape Benoît XVI, et je faisais partie de la délégation ! Je crus à une blague mais le protocole me téléphona pour m'enjoindre de m'habiller en robe noire au-dessous du genou, la mantille assortie n'était plus obligatoire, heureusement, car même ma mère n'en avait plus… Sa Sainteté n'avait pas apprécié les propos peu charitables du Président sur les Roms pendant l'été, et nous allions nous rabibocher avec Rome grâce à une prière sur zone à sainte Pétronille, patronne de la France – dont j'ignorais tout. Ça tombait le même jour, ce serait donc Pape le matin et Raquel le soir. Après le déjeuner à la villa Bonaparte, parmi les prélats, tous en robe noire comme moi, je me changeai dans la salle de bains de l'ambassadrice et repris un avion normal vers Madrid, où je retrouvai Raquel pour une nuit en bus de luxe et trois jours de marche avec ses copains dans les délices d'un été indien jusqu'à Santiago, en pleines préparations de l'arrivée du pape Benoît XVI attendu ici-même un mois plus tard. Décidément ! Constatons que si tous les chemins mènent à Rome, même celui de Compostelle, l'inverse est aussi vrai.

Un pèlerin n'est pas un touriste, il se bouge pour admirer la nature et réanimer les lieux saints de ses pieds, de ses mains et de sa voix, en vivant témoignage pour les habitants du coin. De retour chez soi, on arrive alors à laisser partir ceux qu'on aime pour l'au-delà, et à comprendre que la plus belle chose qu'on puisse dire à un être humain c'est : « Bon voyage ! »

P.-S. : À l'heure où j'écris, depuis le confinement, invivable à Madrid, sans pouvoir marcher ni s'embrasser, l'horreur absolue, Raquel veut m'inviter pour 2021, nouvelle année jubilaire.

Fille de l'écuyer en chef du Cadre noir, Alix de Saint-André a grandi dans la région de Saumur. Après des débuts dans la presse écrite parisienne au *Figaro magazine* où elle s'occupait de cinéma, puis à *Elle*, où elle interviewait des femmes d'exception autour du monde, elle s'est fait connaître comme chroniqueuse dans *Nulle part ailleurs* sur Canal+, où elle laissait éclater ses passions pour Malraux, les chats et les religions. En 1994, elle publia son premier livre, un polar, *L'ange et le réservoir du liquide à freins* (Gallimard, coll. « Série Noire »). Elle poursuivit son enquête sur la vie de ces créatures aériennes qui volaient librement entre les juifs, les chrétiens et les musulmans dans l'essai *Archives des anges* (Nil, Paris, 1998). Puis elle revint à la fiction avec un roman historique sur les grands hommes, *Papa est au Panthéon* (Gallimard, Paris, 2001). Mais quand sa nounou chérie « qui avait une jambe de bois, qui ne s'était pas mariée et qui n'avait jamais eu de bébés » mourut, elle lui consacra une hagiographie, *Ma nanie* (Gallimard, Paris, 2003). En 2007, parut *Il n'y a pas de grandes personnes* (Gallimard), essai-fleuve consacré à sa passion pour André Malraux. Puis, en 2010, elle raconta dans *En avant, route !* (Gallimard) ses aventures de pèlerine peu douée vers Compostelle. Suivirent deux romans, chez le même éditeur : *Garde tes larmes pour plus tard* (2013) sur Françoise Giroud, et *L'angoisse de la page folle* (2016). Enfin, le récit de la guerre et de l'amour de ses grands-parents Robert et Marguerite dans *Flotte petit drapeau* pour le livre collectif *Armistice* (2018).

31

The Way, un rêve devenu réalité

Martin Sheen (USA)

Martin Sheen a toujours rêvé d'arpenter le chemin de Saint-Jacques. Après avoir pu tenir la main de Mère Teresa, s'asseoir près du pape Jean-Paul II au Vatican, visiter la grotte de Lourdes et faire un film à Medugorje, c'était là son dernier vœu lié à la foi. Par le film The Way, la route ensemble *qu'il a tourné en Espagne sous la direction de son fils Emilio Estevez, c'est un véritable hommage qu'il rend ainsi à son rêve réalisé.*

MON père, Francesco, était originaire de Galice : enfant, j'ai donc souvent entendu parler de ce mystérieux chemin de Compostelle. Durant l'été 2003, alors que je tournais la septième saison de la série *The West Wing* (*À la Maison-Blanche*), je disposais uniquement de six semaines de break : cette courte période était donc très précieuse. Je n'avais qu'une idée en tête : aller faire le chemin de Saint-Jacques. C'est alors que mon frère Alfonso, dont j'étais le plus proche, est décédé. J'ai invité ma famille à nous retrouver en Irlande autrement que pour des funérailles. Nous y avons fêté ce qui aurait été le centième anniversaire de ma mère. J'ai ensuite proposé aux convives de me suivre en Espagne pour faire le chemin, mais ils ont tous décliné poliment, sauf mon vieil ami Matt Clark (qui joue le père Frank dans le film) et le fils d'Emilio, Taylor, qui avait 19 ans. Comme il ne nous restait que trois semaines, nous avons envisagé de le faire à cheval, puis à vélo. Et pour finir, nous l'avons effectué d'une façon très américaine : en louant une voiture ! Cela reste cependant un magnifique voyage. D'autant plus que dans une auberge de Burgos, Taylor a rencontré celle qui allait devenir son épouse. Il vit depuis à Burgos.

À mon retour, je ne cessais pas de dire à Emilio qu'il devait écrire un scénario autour du chemin, que nous devions explorer ensemble ce sujet. Il a donc commencé à se documenter sur internet et dans des livres. Puis il a fait une première ébauche. Nous en avons discuté, jusqu'à ce qu'émerge l'idée de rassembler dans ce film un père et son fils. Nous avons trouvé un coproducteur en Espagne et constitué une petite équipe. Puis nous sommes partis en repérage à partir de Saint-Jean-Pied-de-Port et avons commencé à filmer.

En vieillissant et en devenant plus mature, on se pose toujours les mêmes questions : « Qui suis-je ? » et « Quel est le sens de ma vie ? ». On réfléchit à sa place dans l'univers, aux injustices et aux inégalités dans ce monde. Ce sont aussi ces interrogations que l'on se pose durant le pèlerinage, épreuve physique où l'on est confronté à la nature et aux éléments, où l'on porte un sac qui vous épuise, et où l'on dort dans des gîtes souvent peu confortables.

Le chemin est une expérience personnelle, mais il nous introduit rapidement dans une communauté : celle des pèlerins. Personne ne nous aide à marcher, mais nous planifions souvent ensemble nos repas, notre hébergement, nos étapes. Le pèlerinage, c'est donc un voyage intérieur et extérieur à la fois. Plus nous approchons du but, plus nous nous rapprochons de nous-mêmes, de notre véritable nature. Nous comprenons que nous faisons partie d'une société, que nous avons une responsabilité dans le monde qui nous entoure. Nous comprenons aussi que la vie peut offrir de grandes joies et satisfactions, et qu'elle est un véritable miracle.

The Way évoque tous ces sujets, mais sans les asséner à coups de marteaux. L'histoire de ce film est la suivante. Tom Avery, médecin américain de condition aisée, se rend d'urgence en France où son fils Daniel vient de disparaître dans un accident en montagne. Il découvre sur place que ce fils, qu'il n'a jamais compris, avait entrepris le pèlerinage de Compostelle. Tom décide alors d'effectuer lui-même ce *Camino*. Sur sa route, il croise Jack l'Irlandais, Sarah la Canadienne ou encore le Hollandais Joost, trois pèlerins aux caractères bien trempés. D'abord fuyant, Tom s'ouvre pas à pas, à mesure qu'il apprend enfin à « marcher ensemble ». Il se rend alors compte que les problèmes surgissent souvent quand il est seul, et comprend la nécessité d'être entouré – et d'entourer les autres. Il commence le chemin pour son fils, et découvre bientôt qu'il le fait pour lui-même. Par une sorte de mimétisme troublant, il se met à ressembler de plus en plus à son fils. *The Way* est ainsi l'exact opposé de l'intrigue habituelle, dans laquelle un fils prend la place de son propre père. Ici, on comprend que le personnage de Daniel, qui aimait et mesurait la valeur de la vie, aurait aimé transmettre ce trésor à son père. Malheureusement, ce dernier ne comprend cela qu'après la mort de son fils. Emilio a fait un travail magnifique pour en rendre compte. Le personnage de Daniel me guide tout au long du chemin, par exemple lors de ce beau repas avec des pèlerins de divers horizons. Sa présence bien réelle revient tout au long du film.

The Way est le quatrième film que je réalise avec Emilio. Il l'a écrit pour moi et je lui en suis extrêmement reconnaissant. C'est un garçon charmant, un des rares réalisateurs que je connaisse qui ajoute « s'il vous plaît » après « Action ! » ou « Peut-on refaire la scène ? ». Il est extrêmement respectueux et les acteurs le lui rendent bien. Il vous confie la responsabilité de votre personnage et vous met en confiance. Concernant la scène dans la basilique de Saint-Jacques-de-Compostelle, quarante-huit heures avant le tournage, nous n'avions pas d'autorisation et elle n'est quasiment jamais accordée, à part pour des journaux télévisés ou des documentaires. Nous avons eu cette grande chance de l'obtenir. Emilio nous a alors conseillé : « Comportez-vous comme de véritables pèlerins, faites ce qui vous semble le plus naturel par rapport à votre personnage. » C'est une scène très émouvante du film, surtout quand Joost s'agenouille. Ce véritable clown hollandais qui fume, boit et mange sans arrêt, se moque de la religion et de la société, vit un moment de spiritualité intense et sublime. Jack, l'Irlandais, s'autorise alors à pleurer et à ouvrir son cœur ; Sarah, la Canadienne, reçoit le pardon et se libère de sa culpabilité ; et Tom peut enfin enterrer son fils.

The Way est mon film le plus personnel ; il me touche chaque fois que je le vois. J'ai remarqué qu'il avait aussi touché beaucoup de spectateurs, qui voulaient par conséquent se renseigner sur ce pèlerinage. Pour ma part, la foi m'a été transmise par mon père et ma mère qui étaient tous deux catholiques. Mais, étant jeune, je ne l'ai pas appréciée à sa juste valeur. Au fur et à mesure de ma carrière, mon ego a pris le dessus. Quand je me suis posé des questions existentielles, j'ai retrouvé cette foi librement, avec amour et joie. J'ai alors rejoint des mouvements pacifistes et de justice sociale pour être la voix des invisibles, des délaissés. J'ai souvent été arrêté lors de manifestations, mais j'avais la satisfaction de participer à des actions morales, non violentes, qui avaient un sens profond pour moi. Je n'ai pas la prétention d'avoir changé le monde, ni même ceux que j'ai côtoyés. Mais j'ai agi en accord avec mes valeurs. C'est un engagement qui m'est précieux, et demande un peu de courage. Toute action importante requiert un investissement personnel, sinon sa véritable valeur peut être mise en doute. C'est aussi ce que j'ai appris sur ce chemin, pendant les quarante jours de tournage en Espagne, ce pays où plongent quelques-unes de mes racines.

(traduction : L'Atelier d'images,
remerciements à Emilio Estevez)

Né dans l'Ohio, Martin Sheen a joué dans plus de soixante-cinq films, dont *The Way* (The Way Productions, LLC, 2010). En 1979, le rôle du capitaine Benjamin L. Willard, dans *Apocalypse Now* de Francis Ford Coppola, l'a rendu célèbre. Parmi ses autres rôles importants : *Wall Street* (1987), *Arrête-moi si tu peux* (2002), *Le Président et Miss Wade* (1995), *Les infiltrés* (2006) ou encore *The Subject Was Roses,* pour lequel il a été nominé aux Golden Globes. À la télévision, il fut encensé et récompensé pour le rôle du président Josiah « Jed » Bartlet dans *À la Maison-Blanche*. Il fait également partie de la prestigieuse distribution du film *Bobby*, écrit et réalisé par son fils Emilio Estevez.

Martin Sheen est un militant passionné de la justice et de la paix. Il a été arrêté ou inculpé soixante-sept fois pour sa participation à des manifestations non-violentes contre diverses politiques militaires américaines et il a défendu des causes comme la lutte contre la pauvreté, le problème des sans-abri, les droits des travailleurs immigrés et la protection de l'environnement.

En 2008, avec Carlos Santana et Edward James Olmos, il est devenu l'un des vice-présidents du mouvement pour l'obtention d'un jour férié fédéral en l'honneur du défunt Cesar E. Chavez, fondateur du Syndicat des travailleurs agricoles. La même année, l'université de Notre-Dame lui a remis la médaille Laetare, une récompense prestigieuse accordée, depuis 1883, à un catholique « dont le génie a ennobli les arts ou les sciences, illustré les idéaux de l'Église et enrichi l'héritage de l'humanité ».

32

Par monts et par vaux, ou l'odyssée de Tristan Talberg

Patrick Tudoret

Patrick Tudoret l'avoue : il n'a pas « fait » le chemin en entier. Juste des bribes. En revanche, son héros de roman qui fuyait le Nobel, Tristan Talberg, l'a parcouru du Puy-en-Velay à Saint-Jacques-de-Compostelle ; et ce faisant, il a peut-être davantage « fait » son auteur que si ce dernier l'avait effectué lui-même. Sur le chemin de Saint-Jacques, le personnage misanthrope a retrouvé un sens à sa vie. Par procuration, il a transmis le flambeau au romancier qui lui a donné la vie, et qui est revenu sur ses traces cinq ans après.

Cher Tristan,

Comment vas-tu ? Que deviens-tu ? Si je me permets cette privauté du tutoiement, c'est qu'un romancier peut être crédité de la paternité de ses héros. Ça autorise bien des choses ! On me dit qu'après avoir rallié Saint-Jacques-de-Compostelle et immolé, comme le voulait autrefois la coutume, tes vieilles hardes sur une plage de Fisterra, tu es revenu en France et as mis sac à terre dans un vieux presbytère de la vallée du Loir, thébaïde idéale pour tes amples ruminations. J'aimerais avoir de tes nouvelles. Je sais bien que le temps d'un livre, des liens se tissent et puis se défont, souvent, une fois le point final apposé, lame tranchant à vif l'amitié (me permets-tu ce mot, toi, l'atrabilaire chronique, le misanthrope contrarié par l'amour ?) nouée peu à peu entre un auteur et ses personnages. À défaut, donc, d'avoir de tes nouvelles, souffre que je te donne des miennes.

Le Puy en Velay, le 12 août 2020

Comme tu le sais… Mais là, déjà, il me faut me reprendre puisque, en ton temps, je t'ai fait « sauter » dans le chemin en marche, dans la splendide Conques pour être précis. Ainsi est-il écrit dans notre roman commun : « Il ne vit pas grand-chose du Puy-en-Velay, mais cela convenait assez bien à sa hantise circonstanciée des villes où un *quidam* féru de littérature pouvait le reconnaître… » Alors, permets-moi de te brosser rapidement le motif : ici, en ce point zéro de la *Via podiensis* – celle qui fut la tienne pendant plus de deux mois –, tout commence pour moi par un mur de marches, une montée vers le Golgotha, une apothéose dès le premier jour, comme un avant-goût du chemin. Le Puy-en-Velay me tend les bras, ou plutôt les arches romanes de sa cathédrale, Notre-Dame-de-l'Annonciation, et sa Vierge noire. Dans le narthex à droite, déjà, saint Jacques me prend sous sa sainte garde et me donne sa bénédiction. En surplomb, Notre-Dame-de-France, rivée sur un piton rocheux, embrasse la ville et le monde, son enfant dans les bras. Tout est ici convoqué pour une transfiguration du futur pèlerin. On arrive novice, intimidé par ce déploiement de fastes – ces aiguilles ocre qui hérissent la ville, necks volcaniques surgis du fond des temps, ce portail polychrome, antichambre du ciel – et puis, soudain, on est adoubé, impatient d'oser le premier pas vers Saint-Privat-d'Allier, première étape estampillée de la *Via* sacrée. Un peu plus de huit bornes pour rejoindre Saint-Christophe, puis sept environ jusqu'à Montbonnet et sa chapelle Saint-Roch à toit de tuiles et clocher troué. Encore huit kilomètres et, à la lisière du Velay, ce sera Saint-Privat pour une première nuit à l'aplomb des étoiles. Le lendemain, il faudra monter vers Saugues, croiser la route de la bête du Gévaudan… N'est-ce pas ce qui s'appelle se jeter dans la gueule du loup ? Se donner à corps et cœur perdus dans une folle odyssée ? Autant physique que spirituelle, l'odyssée, comme me le rappelleront chaque soir mes pieds blessés… Tout sera pour le mieux : ne resteront que 1 500 bornes pour toucher au but et faire orner sa crédenciale d'un magnifique cachet.

Tu le sais, cher Tristan : jacquet contrarié et même un peu honteux de l'être, n'ayant parcouru que quelques tronçons du chemin jusqu'à Conques, du côté de Moissac, Auvillar et Lectoure, puis du col de Roncevaux, je m'en remis un jour à une procuration de papier, dépêchant un personnage de roman vers le Graal tant rêvé. Tu fus donc, toi, Tristan Talberg, « l'homme qui fuyait le Nobel », dans ce roman paru il y a quelques années. Écrivain célèbre, tu vomissais le monde et ses vanités, las de ces basses hauteurs où l'on prétendait te hisser. Le prix Nobel, tu penses bien ! Belle erreur de *casting*. D'ailleurs, si je t'ai baptisé Tristan Talberg (de l'allemand *tal*, vallée, et *berg*, montagne), « Tristan Monts et Vaux » en quelque sorte, tour à tour « homme-vallée » ou « homme-montagne », au gré capricieux de tes oscillations morales, c'est que je te connaissais mieux que personne pour t'avoir un jour enfanté. En deuil d'une femme aimée, vaincue par un mal incurable après avoir été première danseuse de l'Opéra, pris d'une panique non feinte devant le vacarme médiatique provoqué par l'annonce du Nobel, traqué par les flics et une meute de journalistes, tu as pris la fuite au hasard, avant de t'embarquer sur le chemin. D'être avalé par lui, devrais-je dire, tant l'image d'une *dévoration douce* s'impose pour définir cette « aimantation ». Des centaines de milliers de pèlerins y sacrifient chaque année, mais toi, lassé du monde, de ses mensonges, de ses leurres, de ses oripeaux les plus kitsch, des prix les plus dotés, tu y as soudain vu l'espoir de retrouver ton amour. Yseult, magnifique Yseult, portée jusqu'à la fin par une foi d'airain, quand toi, pauvre agnostique, tu avais vu trop longtemps dans ce pèlerinage un « truc pour intégristes à cervelle médiévale ». Ne t'avait-elle pas, plusieurs fois, proposé de la faire ensemble, cette route bénie vers le champ d'étoiles ? Et à propos de temps médiévaux, n'as-tu pas, toi-même, parfait sigisbée de ta belle, troqué un prénom sans relief pour ce sonore « Tristan » à l'emphase bien cuivrée autant que wagnérienne, et tout cela par amour pour elle ? Souviens-toi, elle en a ri à gorge déployée avant d'y voir tout l'amour du monde. Toi, tu étais pris au piège que le narrateur te tendait.

Sur la *Via podiensis,* puis le *Camino francés*, tu en as fait, de belles rencontres ! Anne et Jean qui, plutôt que d'aller vulgairement rissoler sur une plage d'Ibiza, avaient fait de ce pèlerinage une authentique lune de miel, les deux frères De Broukhère, amateurs de *bel canto* à leurs heures, aussi attachants qu'attachés aux alcools plutôt forts. D'autres encore… Et, bien sûr, Émilie, fervente et vive Émilie, qui aura su éclairer ta route. Tu peux me remercier de te l'avoir envoyée, celle-là ! Entre nous, heureusement qu'elle m'écrit de temps à autre, car sans elle, je ne saurais pas que votre amitié s'est scellée à vie et que tu la couves aujourd'hui de conseils paternels… Surtout, comme tout le monde, j'ai appris par les médias que, devant ton refus de te déplacer jusqu'à Stockholm, elle a fini par te convaincre d'accepter le fameux prix pour en donner la solide « dot » à une association qui lutte contre une maladie rare – celle dont Yseult est morte. Je connais ta pudeur, mais tout cela t'honore. Émilie, qui lut ton discours devant la foule réunie au *Konserthuset,* y fut, je le sais, ta très digne émissaire.

Je tenais, par ces mots, à te remercier de tout cœur pour ce chemin accompli, pour tout ce qu'Émilie et toi avez su me rendre palpable et qui m'est désormais vital. Par exemple, comme dans une de ces lettres écrites à Yseult à chaque soir d'étape, que la vraie question n'est pas tant « y a-t-il une vie après la mort ? » que « y a-t-il une vie avant la mort ? ; une flamme qui nous embraserait de l'intérieur quand, trop souvent, nous ne sommes que des cadavres ambulants, pleins de leur propre vide, d'arrogance et de vanité ». Mais aussi, que : « Dans ce monde enflé de son propre vide et face aux rebelles de salon, c'est prôner le pardon et l'amour de l'autre qui est violemment subversif. » Ou enfin que, comme nous l'enseigne le chemin, « la route la plus courte de soi à soi passe par l'autre ».

Bernanos, qui avait tout compris, n'a-t-il pas écrit que « L'enfer, c'est de ne plus aimer » ? L'a-t-il fait, lui, le chemin ? Je ne crois pas, mais sa vie en fut un, plein d'élan et de foi.

Voilà, je ne voudrais pas épiloguer davantage. Aussi, je te dis ce que j'ai hâte de te dire depuis la première ligne de mon livre et de cette lettre que je te tends : la profonde et irrémédiable affection d'un auteur pour son personnage. Je te le dis solennellement – si, si, ne souris pas ! Tu es, de tous ceux de mes livres, mon héros préféré. Croix de bois, croix de fer, si je mens… Allez, un seul, peut-être, serait en mesure de te dépasser : le Chemin lui-même.

Docteur en science politique de Paris-I Panthéon-Sorbonne, Patrick Tudoret a enseigné la rhétorique à la Commission européenne, au Centre des hautes études militaires (CHEM) et à l'ESCP Business School. Ses pièces de théâtre ont été jouées à Paris, en province et au Festival d'Avignon.
Il est également l'auteur d'une vingtaine de livres. Son essai *L'écrivain sacrifié. Vie et mort de l'émission littéraire* (INA/Le Bord de l'eau, Paris/Lormont, 2009) lui a valu plusieurs prix, tel le Grand Prix de la Critique littéraire dont il a rejoint le jury. Son roman *L'homme qui fuyait le Nobel* (Grasset, Paris, 2015 ; Mon Poche, Paris, 2018) a connu un vif succès, obtenant le Prix Claude Farrère et le Prix des Grands Espaces. *Fromentin, le roman d'une vie* (Les Belles Lettres, Paris, 2018) a obtenu le Prix Brantôme de la biographie. Ses deux derniers livres, *Petit traité de bénévolence* et *Juliette. Victor Hugo mon fol amour*, sont parus en 2019 et 2020 aux éditions Tallandier.

33

De père en fille, la quête des étoiles

Claudine Vincenot

L'attachement de Claudine Vincenot aux chemins de Compostelle est double. Il vient tout d'abord de la lecture du livre de son père, Les étoiles de Compostelle, *qui évoque le voyage initiatique du compagnon Jehan le Tonnerre jusqu'à la fin des terres galiciennes. Mais ce chemin est également devenu sien, puisqu'elle l'a arpenté en 1995. Ainsi, ce thème est devenu un des liens indéfectibles entre père et fille, dont ce texte rend compte.*

Je fus tout étonnée, lorsque je m'engageai sur le *Camino francés*, de découvrir des panneaux citant des paragraphes du roman de mon père, *Les étoiles de Compostelle* ! Ce fut une grande émotion. Puis, en bavardant avec les pèlerins rencontrés, je compris qu'Henri Vincenot était connu essentiellement pour ce livre qui me paraît être son ouvrage le plus abouti. Il l'aimait particulièrement, ainsi que *Le sang de l'Atlas*, autre quête d'une vérité.

Pourtant, il ne fit jamais ce pèlerinage. Mais son imagination – qu'il avait très fertile –, ses connaissances et son humanisme se sont abreuvés à différentes sources. La marche, tout d'abord. Mes parents étaient de grands randonneurs devant l'Éternel et nous entraînaient avec eux dans de longues « billebaudes » par friches et bois de notre Bourgogne natale ; puis dans nos balades parisiennes, sur les quais de Seine, d'église en église, plus particulièrement au chevet de Notre-Dame où le chantier permanent des tailleurs de pierre nous fit découvrir le compagnonnage. À l'ombre de Saint-Gervais, aussi, où se niche la Maison des Compagnons qui expose leurs chefs-d'œuvre. C'est bien cet univers que l'on retrouve dans *Les étoiles de Compostelle* en suivant notamment Jehan le Tonnerre, enrôlé par les Enfants de Maître Jacques, ces compagnons constructeurs des églises et magnifiques cathédrales qui jalonnent tous les chemins menant à Santiago.

La découverte de la marche nous conduisit ainsi sur le Tour de France des Compagnons et mon père nous expliqua l'éthique du compagnonnage. En effet, les grands-pères d'Henri étaient compagnons du Devoir (forgeron et sellier-bourrelier) et, eux aussi, infatigables marcheurs lors de leur Tour de France. Leur grand âge ne diminua en rien leur enthousiasme juvénile pour les cathédrales de Beauvais, d'Amiens ou de Bourges, entre autres. La morale compagnonnique et l'endurance à la marche salvatrice animèrent toute leur vie. Ce que répète à qui veut l'entendre le Prophète, ce vieux sage des *Étoiles de Compostelle* : « Seul l'homme debout fait du bon travail et c'est quand il marche qu'il pense droit. […] Si tu veux comprendre, débattre sainement, imaginer, organiser ta pensée, concevoir et décider : marche, marche, et tu verras ! » Cette philosophie de la marche, ascétique, saine, enivrante même, structura toutes mes jeunes années.

La quête du mouvement fait aussi écho à l'admiration d'Henri pour les tribus nomades du Haut-Atlas marocain, qu'il eut l'occasion de rencontrer dans les années 1930. Plus tard, avec l'un de ses fils, il eut un troupeau de moutons, désirant connaître ainsi la vie des bergers transhumants : ciels étoilés, Voie lactée et autres chemins magiques qui offrent le rêve et la liberté – une vraie et saine liberté. Par là même, le pèlerinage aussi est délivrance, car « on ne peut asservir l'homme qui marche ».

La matière de Bretagne, enfin, n'est pas étrangère à l'inspiration des *Étoiles de Compostelle*. À la suite d'une grave pleurésie, Henri passa de nombreuses vacances adolescentes dans les Côtes-d'Armor afin d'y respirer l'air iodé revivifiant. Élevé dans la religion catholique de sa mère et de sa grand-mère, nées au XIXe siècle, qui ne parlait que de péché, de repentance, de douleur et de souffrances, il retrouva en Bretagne une santé insolente ; et cette « fin des terres » occidentales lui parut pays de renaissance. Il découvrait tout à coup la population des côtes bretonnes, le regard sans cesse tourné vers une mer souvent brumeuse. Il apprit aux veillées, en une langue mystérieuse, par la voix des conteuses itinérantes telle Mar'chrit Filip, les immémoriales légendes celtes semblant surgir de l'onde houleuse et infinie. Ainsi, l'histoire du cycle arthurien et ses cités englouties : Avalon, île de la fée Morgane, la ville d'Ys, et tant d'autres *gwerziou* qui le firent rêver. Henri retrouvera plus tard, et plus au sud, l'histoire de l'Atlantide et du jardin des Hespérides aux fruits d'or interdits. Et il est vrai que si, après avoir atteint Santiago de Compostela, le pèlerin pousse l'aventure jusqu'à la splendide et inquiétante côte rocheuse de la Galice où se fracasse l'océan déchaîné et où accosta la barque funèbre de saint Jacques, la ressemblance avec la côte d'Armor et du Finistère amplifie ce rêve.

Toutes ces « extra-vagances » s'emparèrent de mon imagination et germèrent en mon esprit. Je partis un jour au Maroc, au titre de la Coopération universitaire et culturelle française. J'avais un tantinet pris mes distances avec la religion familiale, le christianisme, n'en gardant que ce que mes parents, « fans » de Jésus, nous répétaient à l'envi : « C'est un type formidable ! Retenez bien l'essentiel de son message : amour, pardon, partage. Et oubliez les bondieuseries pénitentes et doloristes ! » Mais c'est au Maghreb que je compris vraiment ma religion. J'eus la possibilité d'échanger abondamment et très sereinement avec des amis sépharades et musulmans. Populations chaleureuses, inconditionnellement croyantes et rieuses, d'une sagesse et d'un bon sens qui leur faisaient accepter sans ronchonner les mauvaises surprises de la vie, elles s'en remettaient avec confiance à Allah ou à Yahvé. Le regard constamment tourné vers l'Orient en référence à La Mecque ou à Jérusalem, ces croyants ne manquaient jamais leur pèlerinage, aussi onéreux fût-il, et tout cela me fit réfléchir. Les Occidentaux, esclaves du temps qui s'enfuit et que jamais ils ne rattrapent, ne faisaient-ils pas preuve d'une certaine amnésie en renonçant, inconsciemment, au sacré ? N'était-ce pas là une perte de leurs repères fondamentaux ?

À mon retour en Europe, je creusai la question. Il se trouve que j'avais réalisé une thèse de littérature sur le *Voyage en Orient* de Gérard de Nerval, à la lumière de la psychanalyse jungienne – dans laquelle le processus d'individuation consiste à plonger en soi pour remonter à la lumière, enrichi par cette introspection. Il me sembla alors que le pèlerinage, par la mouvance pédestre, donnait à chacun la possibilité d'accéder au plus profond de son corps, de son esprit, de son âme. Bien sûr, encore faut-il prendre le temps d'en revenir, « parce que la Connaissance c'est aussi savoir que lorsqu'on est arrivé, la moitié seulement du travail est faite ! », comme s'exclame le Prophète parvenu au Finisterre.

Puis je cherchai encore : historiquement, le pèlerinage à Santiago s'installa peu à peu lors des sept siècles d'occupation de l'Espagne par les Maures qui pratiquaient l'islam : tout à coup, comme « réveillés », les chrétiens se tournèrent vers la côte occidentale de Galice, où, nous dit-on, débarqua le corps sans vie ni tête de Jacques le Majeur. Désir de renouveau et d'authenticité ? Volonté de se retrouver tels qu'en eux-mêmes ? Autant de sujets à débattre, autant de grilles de lecture, riches et mystérieuses.

Et je me souviens : tout au long du chemin, lorsque, peu à peu, la fatigue physique aidant et la réflexion sur l'essentiel s'affirmant, je me sentis plus légère, mais moins futile, je vidais mon sac, au propre comme au figuré. J'étais purifiée, me semblait-il, des excès fallacieux de cette société de consommation – consommation de tout, superfétatoire, anxiogène et déroutante. J'avais le regard plus clair, la parole sobre et le geste plus juste. Fatiguée, certes, mais d'une saine fatigue, sans tristesse aucune : j'étais habitée par la joie ! Merci à saint Jacques, et à vous aussi, les humains rencontrés sur ma route, indigènes ou pèlerins, qui m'avez tous appris quelque chose.

Un regret cependant : comme je l'ai dit, je ne pus faire ce fameux et indispensable retour, cette remontée à la pleine conscience contemporaine et à la vie ordinaire. Mais, chaque jour, ou presque, depuis lors, je pense à ce *Camino* qui, pas à pas, vous fait « avaler » des montagnes et s'ouvre enfin sur le bonheur de « l'avoir fait », sur une plénitude que l'on ne peut trouver, je crois, que dans l'usure consentie et saine du corps, et la béatitude offerte de l'esprit et de l'âme.

Mon âge ne me permet plus d'envisager cette longue marche du retour mais je souhaite à mes petits-enfants et à toute la jeunesse de croire en eux et de se jeter sur ce chemin fantastique et révélateur de soi-même. Car si c'est en forgeant qu'on devient forgeron, c'est bien en marchant que l'on devient pèlerin de Saint-Jacques mais aussi pèlerin de notre propre vie : *¡ Camino caminando !*

Après trente ans de vie parisienne, Claudine Vincenot, docteur ès lettres et professeur de lettres, a vécu pendant quinze ans au Maroc, où elle a enseigné au Centre pédagogique de Rabat. Puis en 1983, elle est revenue à Dijon, sa ville natale, où elle se consacre au fonds Henri Vincenot. Elle a écrit plusieurs livres sur son père, parmi lesquels : *Le maître du bonheur. Mon père Henri Vincenot* (Anne Carrière, Paris, 1995), *Le peintre du bonheur* (Anne Carrière, Paris, 2001), *Henri Vincenot, la vie toute crue* (Anne Carrière, Paris, 2006) et *Voyage au Maroc* (avec des aquarelles d'Henri Vincenot, L'Atelier des Noyers, Perrigny-lès-Dijon, 2019). À l'occasion du centenaire de la naissance de son père, elle a également participé au livre *Vincenot, l'album* (Éditions de l'Armançon, Précy-sous-Thil, 2012).
Elle a par ailleurs publié un livre de nouvelles, *Petites Histoires douces amères* (Anne Carrière, Paris, 2011) et quatre romans : *Confidences des deux rivages* (Anne Carrière, Paris, 1999), où elle évoque notamment son pèlerinage sur les chemins

de Saint-Jacques, *Cœur de voyou* (Éditions de l'Armançon, Précy-sous-Thil, 2013), *Colombe et Brutus. Mœurs et caractères* (Éditions de l'Armançon, Précy-sous-Thil, 2015) et *Oh, mon beau Titus ! Tribulations et autres cocasseries en terre des hommes* (Éditions de l'Armançon, Précy-sous-Thil, 2017).

34

De corps et d'âme

André Weill

Le chemin de Saint-Jacques a fait d'André Weill un écrivain pèlerin. Depuis son premier pèlerinage, en septembre 2000, de l'Isère jusqu'au cap Finisterre par le Camino francés, *il a foulé la* Via de la Plata, *le* Camino mozarabe *et le* Camino sanabrés, *en Espagne ; puis il a effectué à pied le retour de Compostelle par le* Camino del Norte *jusqu'à son domicile. Chez lui, cheminement rime avec engagement, et spiritualité avec humanité. Son ode au* Camino *est un hommage à la vie, une offrande de la Terre au Ciel.*

Pèleriner n'est pas un mot en l'air
Mais un verbe descendu sur terre.

On n'apprend pas à marcher dans les livres
Mais avec un sac, des chaussures et un bâton.

Rapprocher le corps de l'âme : oui, je crois que c'est ça, Compostelle. Laisser le temps s'écouler, du baptistère jusqu'à la fin des terres. Laisser le chemin infiltrer la coquille originelle.

*

« Vos enfants ne sont pas vos enfants. » Huit jours de marche. Et déjà se dessine, non pas la fin des terres, mais la cathédrale du Puy. C'était un 16 juillet. Un après-midi ordinaire, comme aujourd'hui. La salle de réanimation, les écrans vidéo, le scanner. Le coma qui empire. Mon enfant, mon amour. Même pas une nuit pour tenter l'au revoir. Et toute une vie pour te remercier, Frédérique, de m'avoir emmené sur le chemin.

C'est un extraterrestre qui arrive au Puy. À ma manière de traverser les faubourgs de l'en bas, on voit que je marche à côté de mes pompes. Là-haut, dans la pénombre, la statue de saint Jacques m'attend. Je la touche, la caresse. Mes yeux se gonflent. À peine un murmure : « Salut Jacques ! Merci d'être là. On ne se connaît pas trop, mais, pour le coup, ça va le faire. J'ai besoin de toi. Trop lourd. Besoin que tu m'accompagnes. Jusqu'à Sant-Yago. Oui, avec toi je vais y arriver ! »

*

De corps et d'âme
Dire et disparaître
Tourner les talons
Prendre le chemin

Partir à Santiago
Fermeté et innocence
Le chemin, d'une traite
Une radicalité sans discussion
Un passage, une initiation
Un baptême, une conversion

De corps et d'âme
Accueillir le mythe

Se laisser emporter
Ivresse du temps, de l'espace
Deux essentiels, deux fondements
Liberté de se dire
Et de disparaître

Liberté de dire
Le Verbe a deux pieds
L'un au ciel, l'autre à la terre
Du corps, prophétiser le Vivant
De l'âme, prophétiser le Livre

Liberté de disparaître
Du monde ordinaire
Plonger en ciels inconnus
Devenir Voie lactée
Jaunes de Castille
Brumes de Galice

*

Je suis le chemin

Le marcheur disparaît de lui-même, se retire du monde, devient pèlerin. Il se fond dans un espace – un royaume – que les yeux ne peuvent voir, que les mots ne peuvent dire. Le cheminement consiste moins à rendre parfait ce qui est imparfait qu'à découvrir le Parfait.

Un chemin d'épreuves

Le *Camino* éprouve le pèlerin dans sa chair. Les maïs du Gers, les blés de la Meseta, les pluies de

Navarre, le soleil de León, la tourmente de Roncevaux. Le froid et le chaud. La faim, la soif, les petits matins, les montées raides, les interminables lignes droites. Sans parler des blessures, des erreurs d'aiguillage et des détours improbables.

*

Oser la confiance
Oser dépasser les bornes
Oser s'engager au-delà de la raison
Oser les rencontres, les peurs
Oser l'inconfort, l'inconnu.

De corps, aller loin, très loin
Plus loin que les chaussures
D'âme, aller loin, très loin
Plus loin que les certitudes
Ultreia
Va, ne t'arrête pas
Va au-delà de tes attachements
Va, brise tes liens
Prends le risque de la fatigue
Va au-delà de tes évidences
Tu es mille fois plus que ta culture,
que tes principes, que ton éducation
Prends le risque de la rencontre
à l'autre et à toi-même
Prends le risque de l'hospitalité
Prends le risque de la gratitude
Ouvre tes yeux, tes bras et ton cœur
Prends le risque de l'authentique

Va au-delà de tes peurs
Va au-delà, là où je t'emmènerai

*

De corps et d'âmes – Universel

Traversant les siècles et les continents, le pèlerin est un homme libre. Il suit l'étoile qui l'emmènera jusqu'à sa vérité. Il marche à la rencontre de lui-même. Puis de l'autre. Et, irrémédiablement, du Tout-Autre. En se dépouillant du confort, des habitudes et des idées toutes faites, en quittant la peur et la sécurité dérisoire, il vise l'ultime.

De corps et d'âme – Solidaire

Quand on a traversé ensemble les mêmes levers de soleil, les mêmes brouillards, les mêmes faims, les mêmes joies, les mêmes tendinites et les mêmes ampoules, on ne pourra plus jamais s'ignorer, s'insulter, se déchirer.

De corps et d'âme – Valeurs

Compostelle, c'est prophétiser au monde les valeurs du chemin : silence, lenteur, pauvreté, humilité et dénuement. Proclamer l'Homme debout, quelle qu'en soit la posture : enfance, dépendance, exclusions, exils, soumissions, infamies, privations de libertés. Réparer les divisions, les séparations. Dire non à l'imparfait du bavardage. Oui à l'infini des étoiles. Dire l'indicible Présence. Et le dire simplement, avec ses pieds.

*

Saint Jacques, au jour le jour

Jour après jour, le carnet de bord tourne les pages de l'évidence. Le matin, prendre le chemin. Le soir, prendre le refuge. Toute la journée, partir, marcher, sortir. Voyager en classe panoramique. Sortir de la prison du moi-j'ai-raison. Quitter la myopie du je-barbelé. À Roncevaux, se libérer des chaînes qui nous enserrent. À la Cruz de ferro, déposer les rancœurs. À Lavacolla, se laver des dernières souillures. Et enfin, place de l'Obradoiro, chanter, danser avec les *bandas de gaïtas* du monde entier.

Ite, missa est

Car, évidemment, Compostelle ouvre à plus grand que Compostelle. Tel le nuage d'encens du *botafumeiro*, saint Jacques ne saurait rester confiné en Galice. Compostelle est une ouverture, un envoi au monde, qui m'a propulsé jusque devant saint Pierre, en sa crypte vaticane. Qui a guidé mes pas jusqu'à la vivante basilique de François d'Assise et plus tard sur le chemin des migrants, depuis leur embarquement sur les plages de Tunisie jusqu'au col de l'Échelle, en passant par Lampedusa et Riace.

Jusqu'à mon dernier souffle, je rendrai hommage à Compostelle de m'avoir conduit sur les chemins de la Shoah, de Drancy à Jérusalem, en passant par Auschwitz. Cet improbable cheminement vers mes inconsciences juives m'a fait réaliser que Frédérique nous avait quittés précisément un 16 juillet, jour anniversaire de la rafle du Vel' d'Hiv'.

Je n'oublie pas le fabuleux pèlerinage du « Vivre ensemble » : mille kilomètres de réconciliation entre

Compostelle et Cordoue prolongé, l'année d'après, par la prière et les chants avec les soufis sur le mausolée de Moulay Abdeslam.

Autre envoi percutant : celui vers l'Inde, noce entre spiritualité chrétienne et sagesse indienne. Plusieurs pèlerinages d'altitude aux sources du Gange, avec des moines sâdhus. Dans l'état du Tamil Nadu, sur les pas du moine breton Henri Le Saux, ou à Chennai, sur les traces de saint Thomas.

Ultreia !

Hommage à saint Jacques d'avoir ramené le pèlerin et son paquetage de Compostelle au Puy-en-Velay et jusqu'à sa maison natale en Isère, via le *Camino del Norte*. La boucle se boucle. Il me reste toute une vie pour témoigner, transmettre, remercier. Oui, de corps et d'âme, amen ! *Om Shanti, Shalom, Salam.*

André Weill est écrivain, professeur de yoga et grand marcheur. Son bâton de pèlerin l'a guidé vers Compostelle, Rome et Jérusalem ; puis jusqu'aux sources du Gange et sur les traces de saint François d'Assise. Il a relaté ces pèlerinages dans quatre ouvrages, publiés aux éditions Le Mercure Dauphinois : *T'es toi quand tu marches. De Saint-Antoine en Dauphiné à Saint-Jacques-de-Compostelle* (2002) ; *Nous sommes faits pour marcher. À pied, du val d'Aoste à Saint-Pierre de Rome. La Via francigena* (2005) ; *Le marchant de bonheur. À pied, d'Auschwitz à Jérusalem* (2008) ; et *Sur le chemin d'Assise. Présence et simplicité* (2018). Son dernier livre, *Yoga en prison. Une lecture des Yoga Sutra de Patanjali* (2020), se réfère au yoga qu'il pratique avec des prisonniers depuis douze ans.

Table